인생이 즐거워지고 비즈니스가 풍요로워지는
디지털콘텐츠그룹 교육 소개

KB237959

디지털콘텐츠그룹은 2010년 4월 SNS소통연구소로 출발한 전문 교육기관으로, AI와 디지털복지를 기반으로 한 실무 중심 교육을 운영하고 있습니다.
스마트폰, SNS 마케팅, 유튜브 등 디지털 전환 시대에 필요한 교육을 누구나 쉽게 배우고 바로 활용할 수 있도록 제공하고 있습니다. 또한 AI 챗GPT와 디지털복지사 등 전문 자격 과정을 통해 약 6,000여 명의 디지털 전문 강사를 양성했으며, 전국 53개 지부·지국을 중심으로 지역사회 맞춤형 공공·민간 교육을 진행하고 있습니다.

● **스마트폰 활용지도사 2급 및 1급**
스마트폰 기본 활용부터 스마트폰 UCC, 스마트폰 카메라, 스마트워크, 스마트폰 마케팅 교육 등 스마트폰 전문 강사를 양성하고 있습니다.

● **디지털문해교육전문지도사 2급 및 1급**
초등학교부터 대기업 임원을 포함한 퇴직 예정자들까지 디지털 기술 활용에 대한 교육을 진행할 수 있도록 디지털 문해교육 전문지도사가 교육하고 있습니다.

● **디지털범죄예방전문지도사 2급 및 1급**
4차 산업혁명시대! 디지털리터러시 시대에 청소년부터 성인들에게 이르기까지 각종 디지털범죄로 인해 입을 피해를 방지하고자 교육합니다.

● **디지털과의존예방전문지도사 2급 및 1급**
디지털 과의존의 원인부터 예방·대응까지 체계적으로 이해하고, 디지털 윤리와 건강한 사용 문화를 확산하며 현장에서 바로 적용하는 실천형 지도 역량을 갖춘 전문 강사 과정입니다.

● **액티브시니어AI리터러시전문가 2급 및 1급**
시니어 맞춤형 AI 교육 설계와 실천적 지도 역량을 겸비하여 그들의 디지털 자립을 돕는 전문 강사 과정입니다.

● **AI챗GPT전문지도사 2급 및 1급**
디지털 대전환 시대에 누구나 익혀야 할 ChatGPT 활용 역량을 바탕으로, 각 분야에 적용 가능한 AI 실무 교육을 수행하는 전문 강사 양성 과정입니다.

● **AI마케팅전문지도사 2급 및 1급**
AI 기반 아이디에이션과 비즈니스 프레임워크를 활용해 기업의 마케팅 전략을 설계하고, 매출 증대로 연결하는 실전형 마케팅 전문 강사 양성 과정입니다.

● **유튜브 크리에이터전문지도사 2급 및 1급**
유튜브 기본 활용부터 실전 유튜브 마케팅까지 실질적으로 도움이 되고 돈이 되는 교육을 실시하고 있습니다.

● **SNS마케팅전문지도사 2급 및 1급**
다양한 SNS채널을 활용해서 고객을 유혹하고 매출을 증대시킬 수 있는 실전 노하우와 SNS마케팅 효과를 극대화하기 위한 광고 전략을 구축할 수 있는 노하우에 대해서 교육을 진행하고 있습니다.

교육 문의 Tel. 02-747-3265 / 010-9967-6654 이메일 : snsforyou@gmail.com

디지털 시대를 여는 첫걸음

안녕하세요, 소중한 독자 여러분.

이 책은 부모님 세대와 시니어 실버 분들이 디지털 기술의 혜택을 쉽고 편리하게 누리며, 더 풍요롭고 행복한 삶을 살아가시도록 돕기 위해 준비되었습니다.

스마트폰 하나로 세상과 연결되고, 인공지능(AI)을 통해 일상이 더 편리해지는 시대입니다. 하지만 새로운 기술이 낯설고 어렵게 느껴져 고민이 많으신 분들도 계십니다. 그런 분들을 위해 친절하고 실용적인 안내서가 되어드리고자 합니다. 디지털 기술은 어렵게 느껴질 수 있지만, 알맞은 가이드를 통해 누구나 쉽게 배울 수 있는 도구입니다.

디지털 기술이 가져온 변화

디지털 기술은 우리 삶에 큰 변화를 가져다주고 있습니다. AI는 더 이상 미래의 기술이 아니라, 지금 이 순간에도 우리의 일상에 깊숙이 자리 잡고 있습니다.

예를 들어, AI 스피커를 통해 음성으로 간단히 음악을 재생하거나 날씨를 확인할 수 있으며, 자동 번역 앱은 해외여행 중 언어 장벽을 낮춰줍니다. 또, AI 기술이 적용된 자동화 가전제품은 집안일을 더욱 간편하게 만들어 줍니다. 스마트워치는 혈압이나 심박수를 실시간으로 확인하며, 생활 습관을 관리하는 데 도움을 주고 있습니다.

이처럼 AI 기술은 일상의 다양한 영역에서 유용하게 사용되고 있습니다. 그러나 이런 기술이 처음에는 낯설고 어렵게 느껴질 수 있습니다.

"내가 과연 이런 걸 할 수 있을까?"라는 걱정이 될 수도 있습니다.

이 책은 그런 부담을 덜어드리고, 디지털 기술을 더 친근하게 느끼실 수 있도록 돕고자 합니다. 기술은 어려운 것이 아니라, 여러분의 삶을 더욱 풍요롭고 편리하게 만들어줄 친구 같은 존재입니다.

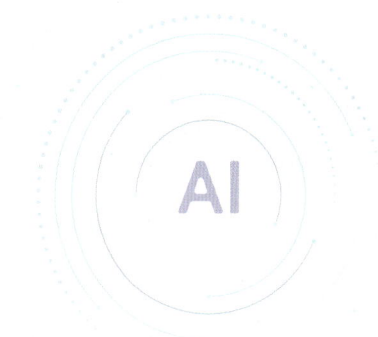

실생활에 꼭 맞춘 AI 활용법

이 책에서는 처음 AI를 접하시는 분들도 쉽게 따라 하실 수 있도록, 아주 기본적인 것부터 차근차근 설명합니다. 스마트폰 갤러리에서 제공하는 간단한 AI 활용 방법부터 시작해, AI를 이용해 사진을 보정하거나 챗GPT로 대화를 나누는 법, 건강관리 앱을 사용하는 방법 외에 다양한 기능들을 다룹니다.

예를 들어, AI 사진 보정 앱을 사용하면 손쉽게 가족 사진을 멋지게 꾸밀 수 있도록 돕습니다. 챗GPT를 활용하면 궁금한 점을 물어보거나 여행 계획을 세우는 데 필요한 정보를 손쉽게 얻을 수 있습니다. 건강관리 앱은 걸음 수를 측정하고, 맞춤형 운동 계획을 제공해 건강한 생활을 지원합니다.

이러한 내용을 통해 독자 여러분께서 직접 실생활에 적용하고, 디지털 기술이 제공하는 편리함과 재미를 느끼실 수 있도록 구성하였습니다.

여러분과 함께 만들어가는 디지털 라이프

이 책은 무엇보다 독자 여러분의 눈높이에 맞추는 데 중점을 두었습니다. 어려운 기술 용어는 최대한 쉽게 풀어 설명하고, 각 장마다 따라 하기 쉬운 실습 예제를 포함하여 실질적인 도움을 드리고자 했습니다. 또한, 꼭 필요한 내용을 중심으로 구성하여, 읽으시는 동안 혼란을 줄이고 핵심을 빠르게 이해하실 수 있도록 했습니다.

여러분의 작은 호기심이 디지털 기술을 활용하는 큰 즐거움으로 이어지길 바랍니다. 이제, 디지털 세상을 향한 첫걸음을 함께 내디뎌 보세요. 여러분의 손끝에서 시작될 변화가 더 나은 미래를 만들어줄 것입니다. 이 책이 여러분의 새로운 도전과 가능성을 응원하며, 따뜻한 격려의 메시지를 전합니다.

"디지털콘텐츠그룹과 함께하는 AI 기반의 행복한 디지털 생활"

디지털복지사, 사람과 기술을 잇다

한눈에 보는 디지털복지사 3급·2급·1급 완벽 정리

디지털복지사는 디지털 격차 해소와 정보 소외계층 지원을 위해 등장한 새로운 전문 직업입니다.
이 자격증은 3급(입문형), 2급(실무형), 1급(전문가형)으로 구성되어 있으며,
단계별로 교육 내용과 역할이 달라져 디지털 복지 전문가로 성장할 수 있도록 구성되어 있습니다.

1 디지털복지사 단계별 가이드

구분	대상	교육 내용 및 역량	진출 분야
3급 (입문형)	디지털 기기 사용이 익숙하지 않은 시니어, 복지관 활동가, 디지털 초보자	스마트폰·앱 기초, 인터넷 검색, 개인정보 보호, 디지털 문해력 향상	시니어 교육 초급 강사, 복지센터 실무자, 지역 봉사단
2급 (실무형)	평생교육·복지·지자체· 기업 현장 실무자 및 강사	SNS 마케팅, 스마트워크, 교육 콘텐츠 제작, 디지털 범죄 예방	평생교육센터, 복지관, 기업 디지털 강사, 컨설팅
1급 (전문가형)	공공기관 교육운영자, 교육기획자, 정책입안자, 디지털 컨설턴트	AI·챗GPT 활용, 데이터 분석, 정책 설계, 고급 컨설팅	공공기관 위탁교육, 정책기획, 고급 컨설팅, 기업연수

• 각 급수는 실무 중심의 교육과 평가를 통해 현장에 즉시 투입 가능한 실전형 전문가를 양성합니다.
• 3급은 기초 역량, 2급은 실무 및 응용, 1급은 정책 설계와 고급 컨설팅까지 단계적으로 전문성을 강화합니다.

2 디지털복지사의 주요 역할과 역량

디지털 교육
취약계층 대상 맞춤형 디지털 역량 교육

디지털 지원
서비스 접근성과 생활기술 지원

세대 연결
세대 간 소통 및 소외감 해소

정책 제안
데이터 기반 정책 개발 및 제도 개선

3 디지털복지사와 전통 사회복지사의 차이

구분	디지털복지사	전통 사회복지사
핵심 초점	기술 기반 복지, 디지털 격차 해소 전문	종합적 생활지원, 상담, 자원 연계
교육/실습	디지털 기술·AI 실습 교육 및 데이터 분석 전문	상담·지원·서비스 연계 중심
활동 영역	공공·민간·기업 전방위 활동, 글로벌 확장 가능	복지관, 시설, 공공기관 등 제도권 중심
사회적 역할	세대 연결 강화, 디지털 포용성 증진	대인관계 중심, 전통적 복지서비스 제공

디지털복지사는 단순히 기술을 가르치는 것을 넘어, 기술과 사람을 연결하고, 정보 소외계층의 자립을 돕는 '테크 기반 복지 전문가'입니다. 반면, **사회복지사**는 심리·정서적 지원과 자원 연계에 더 중점을 둡니다.

4 미래 사회에서 디지털복지사의 중요성과 전망

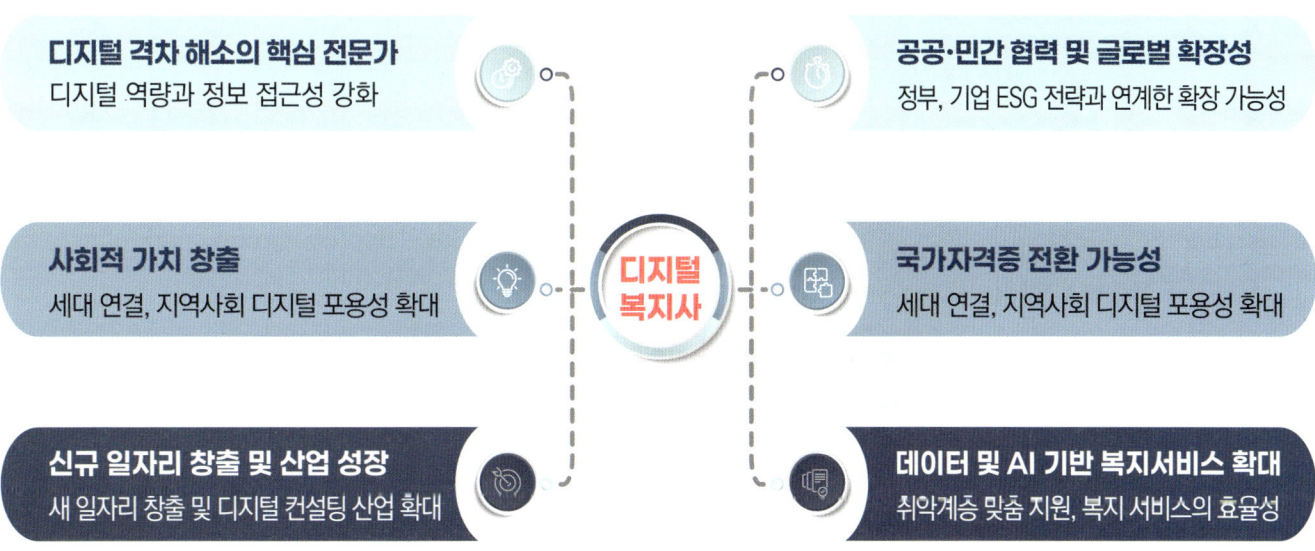

디지털 격차 해소의 핵심 전문가
디지털 역량과 정보 접근성 강화

공공·민간 협력 및 글로벌 확장성
정부, 기업 ESG 전략과 연계한 확장 가능성

사회적 가치 창출
세대 연결, 지역사회 디지털 포용성 확대

국가자격증 전환 가능성
세대 연결, 지역사회 디지털 포용성 확대

신규 일자리 창출 및 산업 성장
새 일자리 창출 및 디지털 컨설팅 산업 확대

데이터 및 AI 기반 복지서비스 확대
취약계층 맞춤 지원, 복지 서비스의 효율성

디지털 복지사

문의 (주)디지털콘텐츠그룹 | 서울시 종로구 대학로12길 63 | Tel. **02-747-3265**

민간자격 등록번호:
제 2025-003089호

국내 최초!
국내 최고!

스마트폰 강사 자격증

● **스마트폰 활용지도사 자격증에 대해서 아시나요?**
과학기술정보통신부가 검증하고 한국직업능력개발원이 관리하는
스마트폰 자격증 취득에 관심 있으신 분들은 살펴보세요.

상담 문의
이종구 010-9967-6654
E-mail : snsforyou@gmail.com
카톡 ID : snsforyou

스마트폰 활용지도사 1급

● **해당 등급의 직무내용**
초/중/고/대학생 및 성인 남녀노소 누구에게나 스마트폰 활용 및
SNS 기본 교육을 실시할 수 있습니다. 또한 개인이나 소기업이
브랜드 전략을 구축하는 데 필요한 모바일 마케팅 전략 수립교육도
수행할 수 있으며, 특히 적은 비용으로 효과적인 브랜딩과 마케
팅을 실현할 수 있는 실무 중심의 교육을 진행할 수 있습니다.

스마트폰 활용지도사 2급

● **해당 등급의 직무내용**
시니어 실버분들에게 스마트폰 활용교육을 실시할 수 있습니
다. 개인 및 소기업이 모바일 마케팅 전략을 수립하는 데
필요한 기초 교육을 제공하며, 1인 기업이나 소기업이 스마트
워크 시스템을 구축할 수 있도록 기초적인 제반 사항을 안내
하고 교육할 수 있습니다.

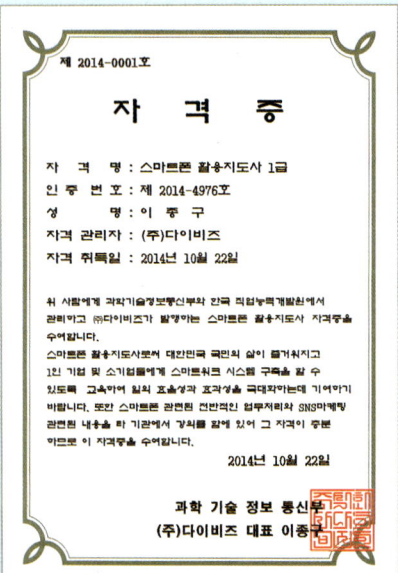

- **시험 일시** : 매월 둘째 주, 넷째 주 일요일 5시부터 6시까지 1시간
- **시험 과목** : 2급 – 스마트폰 활용 분야 / 1급 – 스마트폰 SNS마케팅
- **합격점수**
  1급 – 80점 이상(총 50문제 각 2점씩, 100점 만점에 80점 이상)
  2급 – 80점 이상(총 50문제 각 2점씩, 100점 만점에 80점 이상)

시험대비 공부방법
1. 스마트폰 활용지도사 2급 교재 구입 후 공부하기
2. 정규수업 참여해서 공부하기
3. 유튜브에서 [스마트폰 활용지도사] 채널 검색 후 관련 영상 시청하기

시험대비 교육일정
1. 매월 정규 교육을 디지털콘텐츠그룹 전국 지부에서 실시하고 있습니다.
2. 스마트폰 활용지도사 **디지털콘텐츠그룹 블로그**
   (blog.naver.com/urisesang71) 참고하기
3. 디지털콘텐츠그룹 사이트 참조(digitalcontentgroup.com)
4. NAVER 검색창에 (디지털콘텐츠그룹)이라고 검색하세요!

시험 응시료 : 3만원
자격증 발급비 : 7만원

- 종이 자격증 및 우단 케이스 제공
- 스마트폰 활용지도사 강의자료
  제공비 포함

스마트폰 활용지도사 자격증 취득 시 혜택
1. 디지털콘텐츠평생교육원 스마트폰 활용 교육 강사 위촉
2. 디지털콘텐츠그룹 스마트폰 활용 교육 강사 위촉
3. 스마트 소통 봉사단에서 교육받을 수 있는 자격부여
4. SNS 및 스마트폰 관련 자료 공유
5. 매월 1회 세미나 참여 (정보공유가 목적)
6. 향후 일정 수준이 도달하면 기업체 및 단체 출강 가능
7. 매년 상반기 하반기 전국 워크샵 참여 가능
8. 그 외 다양한 혜택 수여

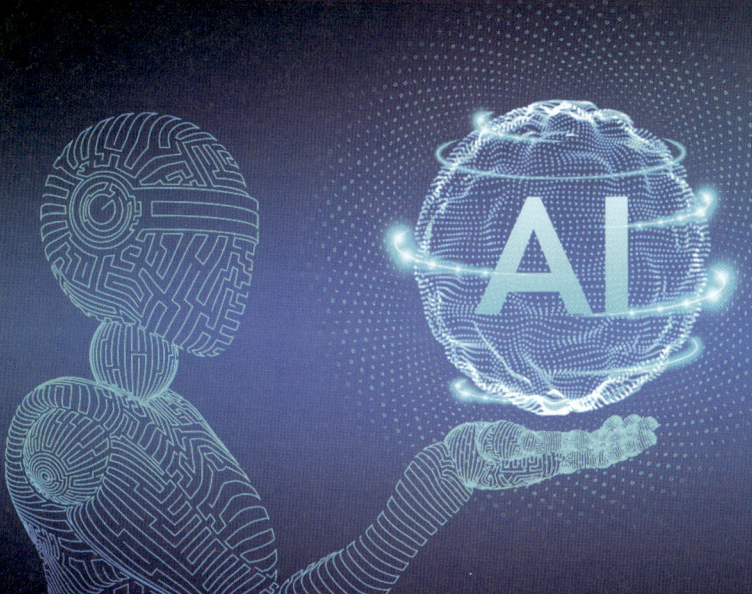

AI 챗GPT 전문지도사

2급 / 1급

AI 챗GPT 전문지도사가
일의 효율성과 효과성을 극대화 시키는데
도움을 드릴 수 있습니다!

AI 챗GPT 전문지도사 2급 및 1급

☑ **자격의 종류** : 등록 민간자격

☑ **등록번호** : 560-86-03177

☑ **자격 발급 기관** : (주)디지털콘텐츠그룹

☑ **총 비용** : 100,000원

☑ **환불 규정**

 • 접수 마감 전까지 100% 환불 가능(시험일자 기준 7일전)

 • 검정 당일 취소 시 30% 공제 후 환불 가능

시험 문의
(주)디지털콘텐츠그룹 (Tel. 02-747-3265)

지역사회 발전을 위해 사회복지사처럼
스마트폰 활용지도사가 필요합니다!

● 스마트폰 활용지도사란?

스마트폰 활용지도사는 디지털 사회에서 개인과 지역사회를 연결하는 **'디지털 복지사'**입니다.

사회복지사가 사회적 약자를 돕고 삶의 질을 높이는 데 중점을 두는 것처럼, 스마트폰 활용지도사는 디지털 소외 계층에게 스마트 기술을 안내하고 활용법을 교육하여 삶의 질을 향상시키는 역할을 합니다.

이들은 단순히 기술적인 도움을 주는 것을 넘어, 스마트폰을 통해 개인의 일상과 사회적 관계를 풍요롭게 만들고, 소상공인과 지역사회에 디지털 비즈니스 기회를 제공합니다.

스마트폰 활용지도사는 디지털 세상을 더 쉽고 친근하게 다가갈 수 있도록 돕는 **'디지털 시대의 조력자'**입니다.

디지털콘텐츠그룹 전국 지부 봉사단 현황	서울/경기북부	울산지부
	스마트 소통 봉사단	**스폰지**
	2018년 6월부터 매주 수요일 오후 2시부터 5시까지 스마트폰 활용지도사들이 소통대학교에 모여서 강사 트레이닝을 목적으로 운영되고 있음 (기관 및 단체 재능기부 교육도 진행)	매월 정기모임을 통해서 스마트폰 활용지도사의 역량개발과 지역주민들을 위해 스마트폰 활용 교육 봉사활동 진행
부산지부	**제주지부**	**경북지부**
BS모바일	**제스봉**	**스소사**
모든 것이 바라는 대로 이루어집니다! 매월 정기모임을 통해서 스마트폰 활용지도사의 역량개발과 지역주민들을 위해 스마트폰 활용 교육 봉사활동 진행	제주도 스마트폰 봉사단 매월 정기모임을 통해서 스마트폰 활용지도사의 역량개발과 지역주민들을 위해 스마트폰 활용 교육 봉사활동 진행	'스마트하게 소통하는 사람들' 경북지부 스마트폰 봉사단 매월 정기모임을 통해서 스마트폰 활용지도사의 역량개발과 지역주민들을 위해 스마트폰 활용 교육 봉사활동 진행
경기북부	**경기서부**	**대구지부**
펀펀 스마트 봉사단	**스마트 위드유**	**스마트 소통 약방**
'배우면 즐거워져요~' 경기북부 스마트폰 봉사단 매월 정기모임을 통해서 스마트폰 활용지도사의 역량개발과 지역주민들을 위해 스마트폰 활용 교육 봉사활동 진행	매월 정기모임을 통해서 스마트폰 활용지도사의 역량개발과 지역주민들을 위해 스마트폰 활용 교육 봉사활동 진행	매월 정기모임을 통해서 스마트폰 활용지도사의 역량개발과 지역주민들을 위해 스마트폰 활용 교육 봉사활동 진행

디지털콘텐츠그룹 주요 사업 콘텐츠

디지털 콘텐츠 및 마케팅 교육 (일반 교육 및 자격증 교육 포함)

- 스마트폰활용지도사
- 디지털문해교육전문지도사
- 디지털범죄예방전문지도사
- 디지털과의존예방전문지도사
- 유튜브 크리에이터전문지도사
- SNS마케팅전문지도사

- 스토리북마스터
- 프리젠테이션전문지도사
- 스마트워크전문지도사
- 액티브시니어AI리터러시전문가
- AI챗GPT전문지도사
- AI마케팅전문지도사

※이 외 다양한 디지털 콘텐츠 분야 교육 가능

디지털콘텐츠그룹 지부 및 지국 활성화

- 2010년 4월부터 교육을 시작한 디지털콘텐츠그룹은
  현재 전국에 53개의 지부 및 지국을 운영 중

스마트폰 활용지도사
(국내 최초! 국내 최고!)

- 2014년 10월 스마트폰 활용지도사 민간 자격증 취득
- 2급과 1급 과정을 운영 중이며 현재 6,000여 명 이상 지도사 양성

실전에 필요한 전문 교육
(다양한 분야 실전 교육 중심)

- 일반 강사들과 기업에도 꼭 필요한 전문 교육을 실시함
  (SNS마케팅, 스마트워크, 프리젠테이션, AI 교육 등)

디지털콘텐츠그룹 출판사

- 2011년 11월부터 'SNS소통연구소'를 시작으로 출판사 운영
- 스마트폰 활용 및 SNS마케팅 관련된 책 67권 출판
- 강사와 수강생들에게 꼭 필요한 다양한 분야의 책 출간 중

교육 문의
(주)디지털콘텐츠그룹 (직통전화)
02-747-3265 / 010-9967-6654

디지털콘텐츠그룹 추천 도서

스마트폰 교육의 정석(2025 개정판)
스마트폰활용지도사 2급 교재

디지털 대전환 시대에 꼭 필요한
디지털 문해 교육의 정석(定石)
디지털문해교육 전문지도사 1급 교재

어르신들을 위한 스마트폰 기초 교실
(2026 개정판)
스마트폰 기초부터 기본 UCC 활용 책

디지털 창작자의
저작권 생존 가이드
출판·AI·SNS 창작자를 위한 A to Z

디지털 범죄예방 교육의 정석(定石)
디지털범죄예방 전문지도사 2급 교재

AI챗GPT는 컨설턴트
: 챗GPT를통한 효율적 컨설팅
AI 챗GPT전문지도사 1급 교재

스마트폰 하나면 나도 사진작가다
스마트폰 카메라 기초부터 활용까지

부모님을 위한 스마트폰 교과서
(2026 개정증보판)
60+세대를 위한 가이드북

스마트폰 하나면
나도 유튜브 크리에이터다
유튜브크리에이터전문지도사 2급

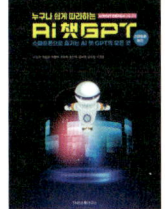

디지털콘텐츠그룹
전국 지부 및 지국 현황

서울
(지부장-이종구)

강남구 (지국장-최영하)	강동구 (지국장-윤진숙)	강북구 (지국장-백세균)	강서구 (지국장-문정임)	관악구 (지국장-손희주)
광진구 (지국장-최혁희)	금천구 (지국장-김명선)	동작구 (지국장-최상국)	마포구 (지국장-김용금)	서초구 (지국장-조유진)
송파구 (지국장-문윤영)	양천구 (지국장-송지열)	영등포구 (지국장-김은정)	중구 (지국장-유화순)	종로구 (지국장-조선아)

경기북부
(지부장-이종구)

| 의정부 (지국장-한경희) | 양주시 (지국장-오지성) | 동두천/포천 (지국장-김상기) | 남양주시 (지국장-정덕모) | 고양시 (지국장-백종우) |

경기동부
(지부장-이종구)

| 성남시 (지국장-김지태) |

경기서부
(지부장-이종구)

| 시흥시 (지국장-윤정인) | 부천시 (지국장-김남심) | 안산시 (지국장-권택현) |

경기남부
(지부장-이종구)

| 이천/여주 (지국장-김찬곤) | 화성시 (지국장-한금화) |

강원도
(지부장-장해영)

| 강릉시 (지국장-임선강) |

인천광역시
(지부장-이종구)

| 서구 (지국장-어현경) | 부평구 (지국장-최신만) | 중구 (지국장-조미영) | 연수구 (지국장-조예윤) |

충청남도
(지부장-김은경)

| 청양/아산 (지국장-김경태) | 금산/논산 (지국장-부성아) | 천안시 (지국장-김숙) | 홍성/예산 (지국장-김월선) |

대구광역시
(지부장-임진영)

| 수성구 (지국장-도윤서) |

경상북도
(지부장-남호정)

| 고령군 (지국장-김은숙) | 경주 (지국장-박은숙) |

광주광역시
(지부장-이종구)

| 북구 (지국장-김인숙) |

울산광역시
(지부장-김상덕)

| 동구 (지국장-김상수) | 남구 (지국장-박인완) | 중구 (지국장-장동희) | 북구 (지국장-이성일) |

부산광역시
(지부장-손미연)

| 사상구 (지국장-박소순) | 해운대구 (지국장-배재기) | 기장군 (지국장-배재기) | 부산진구 (지국장-김채완) | 북구 (지국장-황연주) |

Contents

Contents

1강 AI의 기본 개념

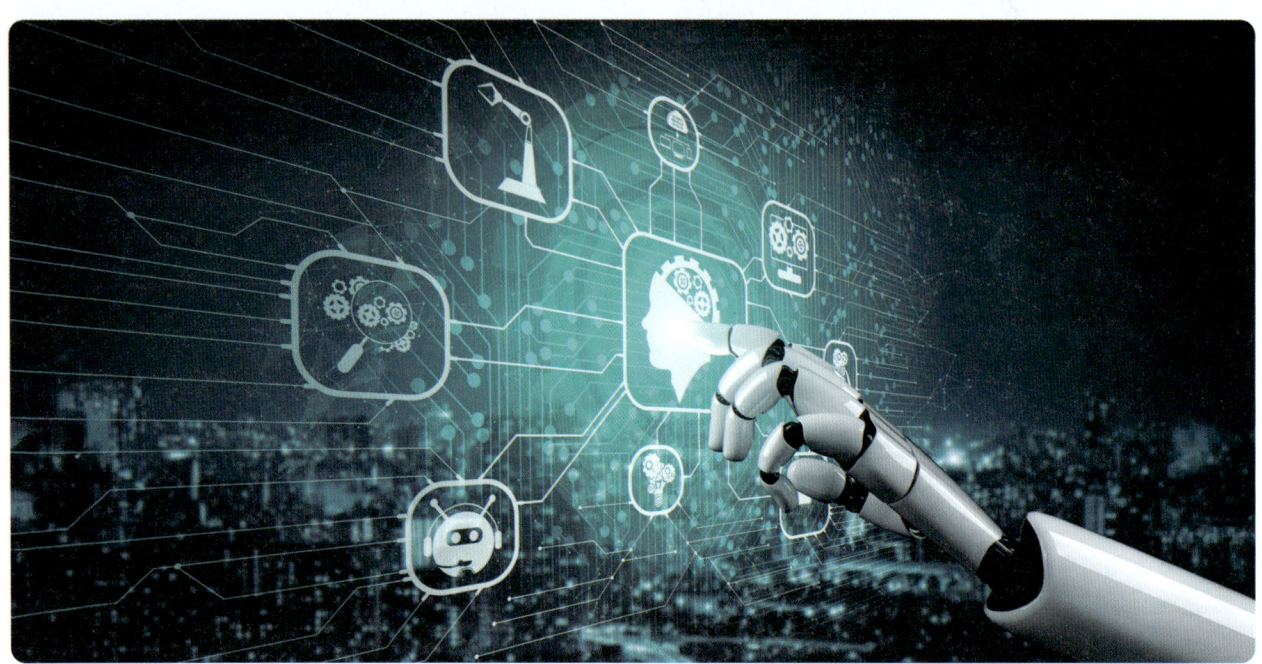

AI란 무엇인가?

AI(인공지능, Artificial Intelligence)는 컴퓨터가 인간처럼 사고하고 학습하며 문제를 해결하도록 설계된 기술과 시스템을 말합니다. AI는 데이터를 분석하고, 패턴을 인식하며, 특정 작업을 수행할 수 있는 알고리즘과 모델을 기반으로 합니다.

 **AI 쉽게 이해하기**

1 똑똑한 도구

AI는 마치 사람의 머리처럼, 스스로 공부하고 생각하는 컴퓨터입니다.

예: 스마트폰 얼굴 인식을 통해 잠금을 해제하거나, 음성 명령으로 알람을 설정할 수 있는 기능.

2 배우는 컴퓨터

AI는 아기처럼 처음에는 아무것도 모르지만, 많은 데이터를 보고 배우면서 점점 똑똑해집니다.

예: AI가 수많은 사진을 보며 "이건 고양이, 저건 강아지"라고 구별하는 법을 배웁니다.

3 사람을 돕는 기술

AI는 사람을 대신해서 일을 빠르고 정확하게 처리합니다.

AI가 실생활에서 쓰이는 예시

자동차
자율주행 기술로
스스로 운전해
교통사고를 줄입니다.

의료
의사 대신 데이터를 분석해
질병을 진단하거나
치료법을 추천합니다.

스마트폰
음성 명령, 얼굴 인식,
문자 자동 완성 등을
제공합니다.

가전제품
AI로 작동하는 청소
로봇이나 스마트 냉장고가
집안일을 돕습니다.

AI 관련 용어

1 인공지능(AI, Artificial Intelligence)

AI(인공지능)는 컴퓨터가 사람처럼 생각하고 문제를 해결할 수 있게 만든 기술입니다.

예전의 컴퓨터는 사람이 시키는 일만 할 수 있었지만, AI는 스스로 배우고 판단해서 더 똑똑하게 일을 처리합니다.

2 머신러닝(Machine Learning)

컴퓨터가 스스로 배우는 방법으로 데이터에서 패턴을 학습하고 예측을 수행하는 AI의 하위 분야입니다.

우리가 사람들에게 새로운 것을 가르칠 때처럼, 컴퓨터에도 데이터를 보여주고 반복해서 훈련하면, 사람이 일일이 가르쳐주지 않아도, 컴퓨터가 많은 데이터를 보고 스스로 규칙을 찾아내고, 문제를 해결하거나 예측할 수 있게 만드는 기술입니다.

머신러닝을 배우는 컴퓨터의 과정

① 데이터 받기

컴퓨터에게 **"'강아지'와 '고양이' 사진을 많이 보여줘요."**

② 패턴 찾기

컴퓨터는 사진 속에서 공통된 특징 **(예: 고양이는 날씬한 몸, 강아지는 긴 귀)**을 찾아내요.

③ 새로운 문제 풀기

이제 새로운 사진을 보여주면, 컴퓨터는 배운 것을 바탕으로 **"이건 강아지 같아"**라고 말할 수 있어요.

3 딥러닝(Deep Learning)

딥러닝은 인공지능(AI)의 한 분야로, 컴퓨터가 사람의 뇌처럼 정보를 처리하며 스스로 배우는 기술입니다. 쉽게 말해, 딥러닝은 아기처럼 배우는 컴퓨터입니다. 처음에는 아무것도 모르는 상태로 시작하지만, 그림, 소리, 글자 등 다양한 것을 보여주면 점점 더 똑똑해져서 나중에는 새로운 문제도 척척 해결할 수 있게 됩니다.

딥러닝의 핵심 특징

① 사람의 뇌 구조에서 영감을 받음

딥러닝은 뇌의 신경망(뉴런) 구조를 모방한 인공신경망(Artificial Neural Network)을 사용합니다. 정보를 여러 단계로 나눠서 처리하는 방식으로, 점점 더 깊이 있는 분석을 합니다.

② 스스로 학습

많은 데이터를 보고 패턴을 찾아내며, 사람이 일일이 가르쳐주지 않아도 스스로 학습합니다.

③ 복잡한 문제 해결 가능

기존 AI로는 어려웠던 음성인식, 이미지 분석, 자율주행 같은 복잡한 문제를 해결할 수 있습니다.

④ 알고리즘(Algorithm)

컴퓨터가 문제를 푸는 방식이나 규칙입니다.

요리 레시피처럼, AI도 문제를 해결하기 위해 정해진 규칙(알고리즘)을 따라 작업합니다.

⑤ 데이터(Data)

AI가 배우기 위해 필요한 정보입니다.

AI가 음성을 알아듣도록 하려면, 사람들이 말하는 소리를 많이 들려줘야 합니다. 고양이와 강아지를 구별하려면 AI에게 사진을 많이 보여줘야 합니다. 그 사진이 바로 데이터입니다.

⑥ 컴퓨터 비전(Computer Vision)

컴퓨터가 이미지나 비디오에서 특정 객체를 식별하는 기술로 사람처럼 사물을 보고 이해할 수 있습니다. 카메라로 얼굴을 찍었을 때, AI가 "이건 김○○ 씨입니다"라고 알아봅니다

⑦ 챗봇(Chatbot)

사람과 대화할 수 있는 AI 프로그램입니다.

은행 상담원 대신, 문자로 질문하면 대답해 주는 고객센터 AI입니다.

⑧ 빅데이터(Big Data)

매우 많은 양의 정보입니다.

사람들이 인터넷에 남긴 글, 사진, 영상 같은 방대한 정보를 분석해서 AI가 활용합니다.

 ## AI는 왜 중요할까요?

AI(인공지능)가 현대사회에서 중요한 이유는 다양한 분야에서 더 효율적으로 일할 수 있게 돕고, 새로운 변화를 만들어내며, 우리의 삶을 더 편리하고 풍요롭게 만들어주기 때문입니다. 사람들이 더 편리하고 빠르게 일을 할 수 있도록 도와주고, 우리가 살고 있는 세상을 더 좋게 만드는 데 큰 역할을 하고 있습니다.

인공지능은 다양한 분야에서 사람들의 삶을 편리하고 효율적으로 만들어주고 있습니다.
아래는 AI가 실제로 활용되고 있는 주요 사례들입니다.

AI가 실생활에서 쓰이는 주요 사례

① 일상생활에서의 AI
- 스마트폰 잠금 해제 시 AI가 사용자의 얼굴을 인식해 보안을 유지합니다.
- 스마트 스피커는 사용자의 명령을 이해하고 날씨를 알려주거나 음악을 재생합니다.
  예: 구글 홈, 아마존 알렉사
- 유튜브, 넷플릭스, 스포티파이 등에서 사용자의 취향에 맞는 콘텐츠를 추천합니다.

② 의료 분야
- AI가 X-ray, CT, MRI 이미지를 분석하여 암, 심장병 등 질병을 조기에 발견합니다.
- 환자와 대화하며 간단한 증상 분석, 약 복용 알림 등을 제공합니다.
- AI가 기존 약물 데이터를 분석해 새로운 약물을 빠르게 설계합니다.

③ 자율주행 및 교통
- AI가 카메라와 센서를 통해 도로 상황을 분석하고 스스로 운전합니다.
  예: 테슬라, 구글 웨이모
- AI가 실시간으로 교통 데이터를 분석해 신호 체계를 최적화하고 교통 체증을 줄입니다.

④ 금융 및 비즈니스
- AI가 은행 거래 패턴을 분석해 이상 거래를 탐지합니다. 수많은 거래를 보고 "이런 거래는 사기일 가능성이 높아!"라고 알아낼 수 있습니다.
- AI 챗봇이 고객의 질문에 빠르게 답변하고 문제를 해결합니다.
  예: 카카오톡 상담봇, 은행 상담봇.

⑤ 농업 및 환경
- 드론과 AI를 사용해 작물 상태를 분석하고, 병충해를 조기에 발견합니다.
- AI가 쓰레기를 재활용할 수 있는 것과 그렇지 않은 것으로 자동 분류합니다.

⑥ **엔터테인먼트 및 창작**

- AI가 새로운 음악, 그림, 영화 시나리오 등을 창작합니다.
  예: OpenAI의 DALL-E, Deep Art.
- AI가 만든 가상 인물이 SNS에서 활동하며 팬들과 소통합니다.

⑦ **유통 및 물류**

- AI가 물류 창고에서 물품을 분류하고, 드론으로 상품을 배송합니다.
- AI가 판매 데이터를 분석해 필요한 물건을 미리 준비하거나 과잉 재고를 방지합니다.
- 온라인 쇼핑몰에서 사용자가 관심 가질 만한 제품을 보여줍니다.

AI의 중요성 요약

AI는 단순히 기술적인 도구가 아니라 인간의 삶과 경제, 사회 전반에 혁신적인 변화를 불러오는 핵심 동력입니다. 이러한 기술을 올바르게 활용하면 더 나은 미래를 만들어갈 수 있습니다.

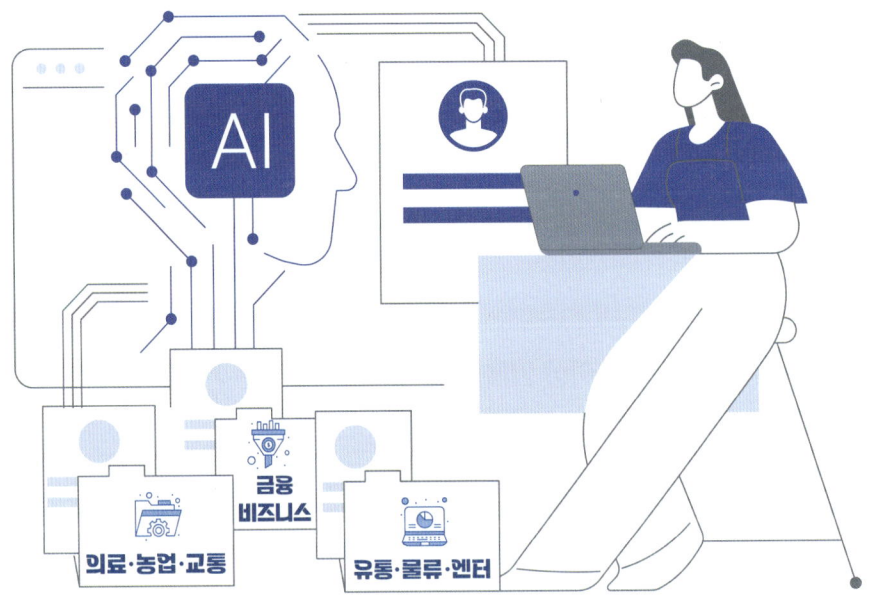

AI 발전 과정

AI(인공지능)는 시간이 지나며 점점 더 똑똑하고 유용하게 발전해 왔습니다. 약 70년의 역사를 거치며 예전에는 단순히 사람이 시키는 일만 했지만, 이제는 스스로 생각하고 판단할 수 있는 기술로 발전하였습니다.

● AI 발전사

시대	AI 발전단계	특징	예시
1950년대~ 1960년대	계산기 수준의 초기 AI	단순한 계산이나 규칙만 수행	숫자계산을 빠르게 처리하는 컴퓨터
1970년대~ 1980년대	체스를 두는 AI	게임규칙을 배우고 많은 경우의 수 계산	체스를 두는 AI 프로그램
1990년대	데이터 기반 학습의 시작	데이터를 입력받아 학습 가능	IBM의 딥블루가 체스 챔피언을 이김
2000년대	머신러닝 (Machin Learning) 도입	데이터를 스스로 분석하여 학습	이메일에서 스팸메일을 자동으로 구분
2010년대	딥러닝(Deep Learning) 등장	사람의 뇌를 본뜬 신경망으로 학습	스마트폰 얼굴 인식, 자율주행차 등장
2020년대	생활 속 AI	병원,공장,집 등 다양한 곳에서 실용화	스마트스피커, 의료진단, 로봇청소기

① **AI의 시작: 간단한 계산기 수준 (1950년대~1960년대)**

– 컴퓨터가 사람 대신 간단한 계산을 빠르게 해주는 역할을 시작했습니다.

• **예:** 수학 문제를 풀거나 숫자를 정리하는 단순한 업무.

• **특징:** 사람이 정해준 규칙만 따라야 했습니다.

② AI의 첫 번째 도전: 체스를 두는 컴퓨터 (1970년대~1980년대)

- 1970년대 AI의 겨울: AI 연구가 침체하는 시기
- 1980년대: 컴퓨터가 체스 게임에서 사람과 대결할 만큼 똑똑해졌습니다.

- **예:** 체스를 두는 AI 프로그램이 등장
- **특징:** 많은 경우의 수를 계산하면서 가장 좋은 방법을 찾으려 했습니다.

③ AI의 실험 단계: 규칙을 배우기 시작 (1990년대)

- 컴퓨터가 단순히 규칙을 따르는 것을 넘어서, 스스로 데이터를 보고 배우기 시작했습니다.

- **예:** 1997년 체스 챔피언 '가리 카스파로프'를 이긴 IBM의 컴퓨터 딥 블루
- **특징:** 많은 데이터를 입력해서 최선의 답을 찾았지만, 여전히 사람이 많은 도움을 줘야 했습니다.

④ AI의 새로운 도약: 머신러닝 등장 (2000년대)

- AI가 스스로 데이터를 분석하고 학습할 수 있는 기술(머신러닝)이 등장했습니다.

- **예:** 이메일에서 스팸(광고 메일)을 자동으로 구별하는 AI
- **특징:** 많은 데이터를 보면, 점점 더 똑똑해질 수 있습니다.

⑤ AI의 혁신: 딥러닝 기술 등장 (2010년대)

- AI가 사람의 뇌처럼 정보를 처리하며 더 똑똑해졌습니다.

- **예:** 2016년 바둑 이세돌 9단을 이긴 구글 딥마인드의 알파고(AlphaGo)

    자연어처리: 구글 번역, 챗봇 등 AI가 언어 이해에 두각을 나타냄
- **특징:** 스스로 생각하고, 더 많은 일을 할 수 있게 되었습니다.

⑥ 오늘날의 AI: 모든 곳에서 활용 (2020년대)

생성형 인공지능(Chat GPT, DALL-E 등)이 콘텐츠 제작과 창의적인 작업에서도 혁신을 이루고 있으며, AI는 지금 병원, 공장, 스마트폰 등 많은 곳에서 사람을 도와주고 있습니다.

- **예:** 병원에서 AI가 X-ray를 분석해 질병을 발견

    음성인식, 이미지분석, 자율주행 같은 복잡한 문제를 해결할 수 있습니다.
- **특징:** 우리 생활 속에 없어서는 안 되는 중요한 기술이 되었습니다.

AI의 발전 요약

현재 AI는 의료, 금융, 자율주행, 콘텐츠 제작 등 다양한 분야에서 실질적으로 활용되며 기술 발전이 가속화되고 있습니다.

하지만 데이터 편향, 사생활 침해, 일자리 대체 등의 문제 해결이 중요하게 되었습니다.

AI의 발전은 컴퓨팅 파워, 데이터, 알고리즘의 발전과 함께 이루어졌으며 앞으로도 인간의 삶에 더 큰 변화를 불러올 것으로 기대됩니다.

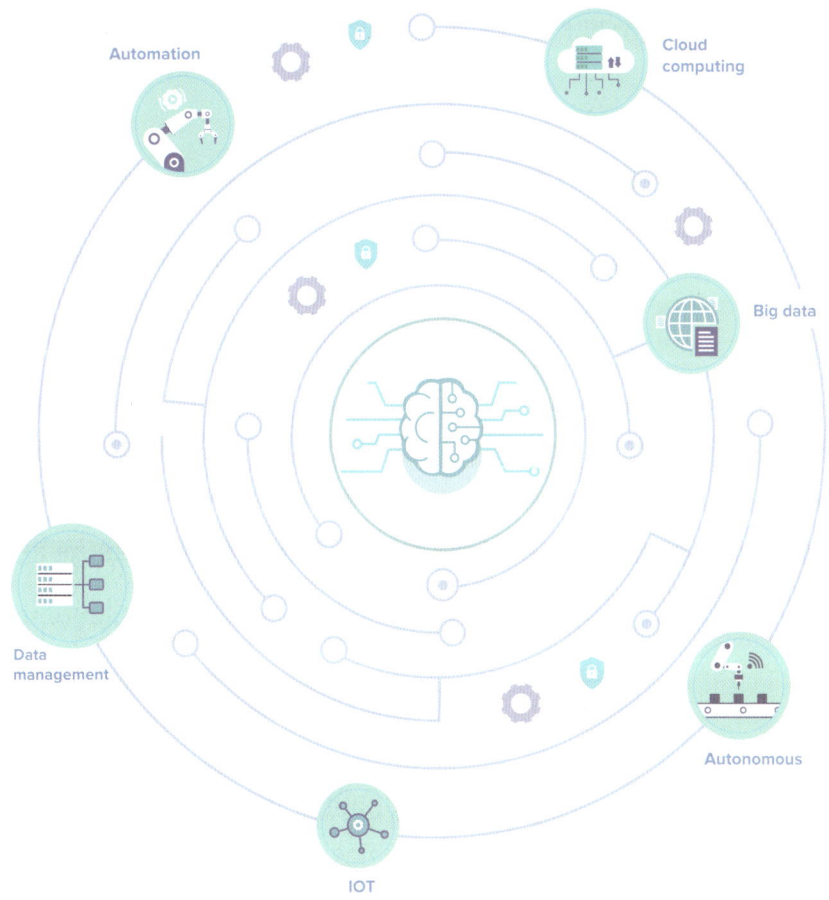

인공지능의 기능과 가능성

AI는 인간처럼 생각하고 행동하는 것처럼 보이도록 설계된 기술로, 이미지 인식, 언어 처리, 데이터 분석, 예측 등 다양한 문제를 해결합니다.

예를 들어, AI는 사진 속 동물을 구분하거나, 음성을 텍스트로 변환하고, 미래의 트렌드를 예측하는 데 사용될 수 있습니다.

AI는 이미지 인식, 언어 처리, 데이터 분석, 예측 등의 작업을 수행하며, 인간의 사고 과정을 기술적으로 구현하고자 하는 노력을 포함합니다.

예를 들어, AI는 고양이와 개를 구분하거나, 이메일을 스팸과 정상 메일로 분류하며, 주식 시장의 미래 변동을 예측할 수 있습니다.

이러한 작업은 데이터와 알고리즘, 컴퓨팅 기술을 활용하여 이루어집니다.

비유: AI는 요리사와 같다

- **데이터: 요리의 재료와 같습니다.** AI는 다양한 데이터가 있어야 학습을 통해 유용한 결과를 도출할 수 있습니다.
- **알고리즘: 요리의 레시피와 같습니다.** AI는 데이터를 처리하고 분석하기 위한 규칙과 절차를 따릅니다.
- **컴퓨팅 파워: 요리를 만드는 도구(오븐, 칼 등)와 같습니다.** 컴퓨터의 처리 능력은 AI가 복잡한 연산을 수행하는 데 필수적입니다.

요리사가 재료와 레시피, 도구를 사용해 음식을 만드는 것처럼, AI는 데이터와 알고리즘, 컴퓨팅 파워를 활용하여 문제를 해결합니다.

하지만 요리사가 처음부터 완벽한 요리를 만들지 못할 때도 있듯이, AI도 처음 학습 과정에서는 실수할 수 있습니다.

예를 들어, AI가 잘못된 데이터를 기반으로 학습하면 엉뚱한 결과를 도출할 수 있습니다. 이런 경우 요리사가 레시피를 수정하고 다시 시도하듯, AI도 데이터를 수정하거나 알고리즘을 조정하여 더 나은 결과를 얻도록 학습을 반복합니다.

AI의 작동 원리

AI는 여러 단계의 과정을 통해 작동하며, 이를 통해 데이터를 학습하고 응용합니다.

1 데이터 수집

AI의 첫 번째 단계는 데이터 수집입니다. AI가 효과적으로 학습하려면 다양한 출처에서 대량의 데이터를 확보해야 합니다.

예를 들어, 고양이와 개를 구분하려면 수천, 심지어 수만 장의 사진이 필요하며, 이 데이터는 AI의 학습 품질에 직접적인 영향을 미칩니다.

2 데이터 전처리

수집된 데이터는 정리되고, AI가 이해할 수 있는 형태로 변환되어야 합니다. 이는 데이터의 품질을 향상하고, 불필요한 정보를 제거하며, 데이터 분석을 용이하게 만드는 과정입니다. 전처리는 데이터 정규화, 결측값 처리, 이상값 제거 등의 작업을 포함합니다.

3 학습

AI는 데이터를 활용하여 패턴과 규칙을 학습합니다.

- **머신러닝:** 데이터를 기반으로 AI가 스스로 규칙을 발견하고, 이를 적용합니다. 예를 들어, 특정 단어가 포함된 이메일이 스팸일 가능성이 높은지 학습합니다.

- **딥러닝:** 인공 신경망을 활용하여 더 복잡하고 미묘한 패턴을 학습합니다. 이는 인간의 뇌 구조를 모방한 알고리즘으로, 다층 구조를 통해 이미지, 음성, 텍스트 등 다양한 형태의 데이터를 분석합니다.

4 결과 예측

학습된 모델은 새로운 데이터를 입력받아 결과를 예측하거나 결정을 내립니다.

예를 들어, 의료 AI는 환자의 증상 데이터를 분석하여 특정 질병에 걸릴 확률을 예측할 수 있습니다. 이 과정은 기존에 학습한 데이터와 패턴을 활용하여 이루어집니다.

 **AI와 인간의 차이점**

AI와 인간의 차이는 여러 가지 측면에서 나타납니다.

특징	AI	인간
학습 방식	데이터와 알고리즘에 의존	경험과 직관에 기반
처리 속도	빠르고 반복적인 작업에 강함	창의적이고 감정적인 판단 가능
적응 능력	특정 작업에 특화	다양한 상황에서 적용 가능
에너지 소모	전기와 같은 물리적 자원 필요	생물학적 에너지(음식) 필요
혁신 가능성	주어진 데이터 내에서 최적화	새로운 아이디어와 창조 가능

AI는 대량의 데이터를 빠르게 처리하고 분석하는 데 강점이 있지만, AI에게는 인간만이 가진 창의적 사고와 감정적 판단 능력은 없습니다. 따라서 AI와 인간은 상호 보완적인 관계를 형성할 수 있습니다.

 **쉽게 이해할 수 있는 비유**

AI의 개념을 이해하기 쉽게 설명하기 위해 몇 가지 비유를 사용할 수 있습니다.

1 AI는 학생

AI는 선생님(데이터)이 제공하는 정보를 배우고, 시험(새로운 데이터)에서 이를 기반으로 답을 도출합니다. 학습의 질은 선생님이 얼마나 잘 가르쳤느냐(데이터 품질)에 따라 달라집니다.

2 딥러닝과 뉴런 구조

- **뉴런 구조:** 인간의 뇌가 뉴런 간의 연결을 통해 정보를 처리하는 방식과 유사하게, 딥러닝은 데이터가 입력되면 각 층을 거치며 패턴을 학습합니다.

  이를 쉽게 이해하려면, 뉴런은 서로 연결된 전구처럼 생각할 수 있습니다. 한 전구가 켜지면 그 신호가 다음 전구로 전달되는 것처럼, 데이터는 여러 층을 거치며 점점 더 중요한 정보를 추출합니다.

  예를 들어, 고양이 사진을 입력하면 초기 층에서는 선과 색깔 같은 기본적인 특징을 감지하고, 이후 층에서는 눈, 코 등의 구체적인 형태를 분석하며, 마지막에는 고양이라는 결론에 도달합니다.

딥러닝은 여러 층으로 구성된 뉴런 구조를 통해 데이터를 처리하고 분석합니다.

이는 데이터를 받아들이는 입력층, 데이터를 처리하는 은닉층, 그리고 최종 결과를 내놓는 출력층으로 구성되어 있습니다.

이를 쉽게 이해하려면 다음과 같이 생각할 수 있습니다.

- **입력층:** 데이터를 받아들이는 단계로, AI에게 문제를 제시합니다.

  예시 고양이 사진의 픽셀 정보가 입력됩니다.
- **은닉층:** 데이터를 처리하고 중요한 패턴을 찾아내는 중간 단계입니다. 여러 층으로 구성될 수 있으며, 데이터를 분석하고 학습하는 주요 역할을 합니다.
- **출력층:** 최종 결과를 도출하는 단계로, 입력된 데이터를 바탕으로 AI가 결론을 내립니다.

  예시 고양이인지 개인지 결과를 제공합니다. 층이 많을수록 더 복잡한 문제를 해결할 수 있습니다.

3 AI는 탐정

AI는 단서를 모아(데이터 수집), 분석한 후(학습 및 예측) 사건을 해결합니다.

 **AI의 한계**

AI는 놀라운 성과를 이루었지만, 여전히 한계와 도전 과제가 여전히 존재합니다.

① **데이터 품질 의존성:** AI는 학습 데이터의 품질에 크게 의존합니다. 예를 들어, 의료 AI가 편향된 데이터를 학습하면 잘못된 진단 가능성이 높아지고, 얼굴 인식 AI가 다양한 인종의 데이터를 포함하지 않으면 특정 인종의 얼굴을 인식하는 데 오류를 범할 수 있습니다. 이러한 문제는 AI의 신뢰성과 공정성을 저해할 수 있습니다. 데이터가 불완전하거나 편향적일 경우, AI의 성능도 저하될 수 있습니다.

② **투명성 부족:** 특히 딥러닝 모델은 "블랙박스" 문제로 인해, 결과를 도출하는 과정이 불투명할 수 있습니다.

③ **윤리적 문제:** AI의 사용이 개인정보 보호, 데이터 편향, 자동화로 인한 일자리 감소 등과 같은 윤리적 문제를 초래할 수 있습니다.

④ **창의력 부족:** AI는 주어진 데이터를 기반으로 학습하며, 인간처럼 새로운 아이디어를 창출하거나 감정을 이해하지 못합니다.

⑤ **에너지 소모:** AI 시스템은 학습과 예측 과정에서 막대한 계산 자원이 필요하며, 이는 환경적 영향을 미칠 수 있습니다.

AI는 데이터를 기반으로 학습하고 문제를 해결하는 기술로, 인간 지능을 모방하지만 여전히 인간의 고유한 능력을 완전히 대체할 수는 없습니다.

예를 들어, 의료 분야에서 AI는 의사가 질병을 진단하는 데 도움을 주지만, 환자의 감정을 이해하고 개인 맞춤형 상담을 제공하는 역할은 여전히 인간 의사가 수행합니다.

또한, AI가 공장에서 생산 공정을 최적화할 수 있지만, 창의적인 제품 설계와 혁신은 인간의 아이디어에 의존합니다. 이러한 협력을 통해 AI와 인간은 각자의 강점을 활용하여 더 나은 결과를 만들어낼 수 있습니다. 인간과 AI가 협력하여 서로의 강점을 보완하는 방향으로 발전하는 것이 중요합니다.

3강 우리 일상에서 AI는 어떻게 활용될까요?

스마트폰에 내장된 AI는 더 이상 복잡한 기술이 아닙니다. 일상생활에서 간단히 사용할 수 있도록 설계되어, 특히 시니어들에게 큰 도움을 줄 수 있습니다. AI는 음성비서, 카메라, 건강관리, 번역, 쇼핑 등 다양한 분야에서 우리의 삶을 편리하게 만들어줍니다. 디지털 기술이 점점 더 생활화되면서 우리의 일상을 한층 더 편리하게 변화시키고 있습니다. 아래는 시니어들이 AI를 이해하고 쉽게 활용할 수 있도록 정리한 내용입니다.

 ## 음성비서 : 목소리로 스마트폰과 대화하기

음성비서는 스마트폰 속 디지털 도우미입니다. 사용자가 명령하거나 질문하면 AI가 이를 처리해 줍니다. 예를 들어, "내일 아침 9시에 알람 설정해 줘"라고 말하면 알람을 맞추고, "우리 동네에서 가까운 병원 찾아 줘"라고 하면 정보를 제공합니다. 이런 간단한 명령은 스마트폰 사용이 익숙하지 않은 사람들에게도 매우 유용합니다.

1 주요 활용 기능

- **애플의 시리(Siri):** 애플 기기에서 기본 제공되며, 다양한 명령을 수행합니다.
- **구글 어시스턴트(Google Assistant):** 안드로이드 기기에서 사용 가능하고, 구글 생태계와 밀접하게 연동됩니다.
- **삼성 갤럭시의 빅스비(Bixby):** 삼성 스마트폰에서 사용 가능하고, 삼성 전용 기능과 호환됩니다.

2 사례

● **김 여사님의 하루 시작**

- "오늘 날씨 알려줘"라고 말하면 음성비서가 오늘의 날씨와 함께 우산이 필요한지 알려 줍니다.
- "오늘 뉴스 들려줘"라고 하면 최신 뉴스를 들려줘 TV를 켤 필요 없이 정보를 얻습니다.
- 운전 중에는 "우리 집까지 길 안내해 줘"라고 말해 안전하게 내비게이션 기능을 활용할 수 있습니다.

3 활용 팁

- 음성비서를 깨우는 호출어(예: "시리야", "하이 빅스비", "오케이 구글")를 연습하세요.
- 음성 명령으로 알람 설정, 날씨 확인, 일정 추가 등 간단한 기능부터 시작하세요.
- 글씨가 작아 보이거나 손이 자유롭지 않을 때 음성비서가 유용합니다.
- 천천히 말하고 명확한 발음으로 음성 명령을 전달하세요.

AI 카메라 : 사진과 정보의 똑똑한 도우미

스마트폰 카메라는 단순히 사진을 찍는 도구가 아닙니다. AI 기술을 활용하면 촬영한 사진을 자동으로 보정하거나 관련 정보를 제공받을 수 있습니다. 사진 촬영 이상의 가치를 제공하며, 실용성과 편리성을 동시에 제공합니다.

1 주요 활용 기능

- **문자인식(OCR):** 처방전, 영수증, 명함을 촬영하면 AI가 텍스트를 인식하여 저장하거나 공유할 수 있습니다. 손으로 기록할 필요 없이 디지털 문서로 변환할 수 있습니다.

- **사진 보정:** 카메라 앱(B612, SNOW 등)을 사용해 얼굴 밝기, 주름 완화, 배경 흐림 효과를 적용할 수 있습니다. SNS 활동을 즐기는 사람들에게 특히 유용합니다.

- **실시간 번역:** 여행 중 메뉴판이나 간판을 촬영하면 AI가 번역해 줍니다. 외국어에 대한 걱정을 덜어주고, 여행을 더 즐겁게 만듭니다.

- **피사체 인식:** 음식, 꽃, 동물 등을 자동으로 인식해 관련 정보를 제공합니다. 예를 들어, 식물의 이름과 효능을 바로 알 수 있습니다.

2 사례

● 시장에 간 김 할아버지
- 낯선 과일을 촬영해 이름과 효능을 확인합니다.
- 음식 사진을 찍으면 AI가 요리법이나 열량 정보를 제공합니다. 이를 통해 건강한 식단을 관리할 수 있습니다.

● 여행 중인 박 여사님
- 해외여행 중 카메라로 간판을 찍으면 번역된 내용을 바로 볼 수 있어 언어장벽을 해결합니다. 번역 정확도가 높아 더욱 유용하게 활용할 수 있습니다.

3 활용 팁
- AI 카메라 앱(B612, SNOW, 구글 렌즈)을 설치하여 활용하세요.
- 여행 전에 구글 번역 앱을 다운로드하여 오프라인 번역 기능을 준비하세요.
- 실시간 번역 기능 사용 시 촬영 각도를 정확히 맞추는 것이 중요합니다.

 **건강관리 AI : 나만의 건강 도우미**

AI는 건강을 관리하는 데 매우 유용하게 쓰여집니다. AI는 개인의 데이터를 분석해 운동 습관을 추천하거나 복약 시간을 알려주는 등 맞춤형 서비스를 제공하며, 이는 특히 노년층의 건강관리에 큰 도움을 줍니다.

1 주요 활용 기능

- **삼성 헬스(Samsung Health):** 걸음 수, 심박수, 수면 패턴을 분석하고 운동 목표를 제안하며, 기록된 데이터를 기반으로 실질적인 피드백을 제공합니다.
- **복약 관리 앱:** 복용 시간을 알림으로 알려주고 약물 간 상호작용을 점검해 줍니다. 약 복용 시간을 잊지 않고 관리할 수 있어 건강 유지에 효과적입니다.
- **의료 상담:** 간단한 증상을 입력하면 관련 정보를 제공하고 병원 방문 여부를 알려줍니다.

2 사례

● 최 여사님의 건강관리

- "운동이 부족한데 어떤 운동이 좋을까?"라고 묻자, 삼성 헬스가 30분 산책을 추천합니다.
- "당뇨약 복용 시간이 언제지?"라는 질문에 복약 관리 앱이 알림을 제공합니다.
- AI가 수면 데이터를 분석해 더 나은 수면 환경을 조성하는 방법을 추천합니다.

3 활용 팁

- 일일 건강 데이터를 기록하고 AI의 피드백을 활용하세요.
- 혈압, 당뇨 등 주요 건강 데이터를 입력하여 맞춤형 관리 팁을 받아보세요.
- 운동을 시작할 때 자신의 체력에 맞는 강도부터 시작하세요.

 **번역과 소통 AI : 언어장벽 허물기**

번역 AI는 외국어를 번역하거나 소통을 도와줍니다. 이는 외국어에 익숙하지 않은 사람들에게 매우 유용하며, 글로벌 사회에서 중요한 역할을 합니다.

1 주요 활용 기능

- **구글 번역 (Google Translate):** 텍스트, 음성, 이미지를 즉시 번역합니다. 정확한 문장 구조를 제공하며 다양한 언어를 지원합니다.
- **네이버 파파고 (Papago):** 실시간 대화 번역 및 간단한 언어 학습 기능을 제공합니다. 한국어와 다양한 언어 간 번역이 가능합니다.
- **실시간 음성 텍스트 변환:** 소음이 심한 장소에서도 정확한 번역과 대화를 지원합니다.

2 사례

● 박 할아버지의 일본 여행

- 일본 라멘집에서 메뉴판을 촬영해 번역된 내용을 확인하고, 점원과 음성 번역으로 소통합니다.
- 도쿄 지하철 노선도를 촬영해 목적지를 쉽게 찾아갑니다.

3 활용 팁

- 번역 앱을 설치하고 자주 사용할 언어를 즐겨찾기에 추가하세요.
- 여행 전에 주요 언어 팩을 다운로드해 오프라인에서도 활용할 수 있도록 준비하세요.
- 외국어 공부와 병행해 AI 번역을 보조 수단으로 사용하세요.

AI 챗GPT 음성모드 : 실시간 대화의 새로운 가능성

AI 챗GPT의 음성모드는 사용자가 텍스트 입력 없이 목소리만으로 대화할 수 있도록 지원합니다. 이는 스마트폰 음성비서보다 더 자연스러운 대화와 깊이 있는 정보를 제공합니다.

1 주요 활용 기능

- **실시간 질의응답:** 복잡한 질문도 자연어로 대답하며, 일반 정보부터 심화한 내용까지 제공합니다.
- **학습과 교육:** 특정 주제에 대해 학습하거나 개인화된 교육을 받을 수 있습니다. 예를 들어, "AI란 무엇인가요?" 또는 "어제 뉴스 주요 내용을 요약해 줘"와 같은 요청이 가능합니다.
- **일정 관리:** 목소리로 일정을 추가하고 수정하거나 알림을 설정할 수 있습니다.
- **외국어 학습:** 발음을 연습하거나 실시간으로 교정받는 데 유용합니다.

2 사례

● 박 여사님의 활용

- "오늘 저녁 식사로 뭐가 좋을까?"라고 묻자, AI가 재료와 요리법을 추천합니다.
- "다음 주에 어떤 날씨가 예상되나요?"라는 질문에 자세한 주간 날씨를 안내합니다.
- 외국어 회화를 연습하며 발음 교정을 받아 영어 실력이 향상됩니다.

3 활용 팁

- AI 챗GPT 음성모드는 인터넷 연결이 필요하므로 안정적인 네트워크 환경에서 사용하세요.
- 질문을 명확하게 전달하면 더 나은 답변을 받을 수 있습니다.
- 외국어 학습이나 특정 정보 검색 시 구체적인 요청을 하면 더 효과적입니다.

쇼핑 AI : 스마트한 소비 도우미

AI는 소비자의 쇼핑 취향을 기억하고, 필요한 상품을 추천하거나 최저가를 찾아주는 데 도움을 줍니다. 이는 쇼핑 경험을 크게 향상합니다.

1 주요 활용 기능

- **쿠팡(Coupang)·네이버 쇼핑**: 자주 구매한 물건을 분석해 필요한 시기에 알림을 제공합니다.
- **가격 비교**: [다나와]와 같은 앱으로 여러 쇼핑몰의 가격을 비교합니다.
- **리뷰분석**: AI가 리뷰를 분석해 중요한 내용을 정리해 보여줍니다.

2 사례

● 김 여사님의 스마트 쇼핑

- AI가 "이번 주 날씨가 쌀쌀하니 따뜻한 코트를 추천합니다"라고 제안합니다.
- 공기청정기를 구매할 때 "필터값은 비싸지만, 성능이 우수하다"는 리뷰를 제공합니다.
- 할인 정보와 최저가를 추천받아 계획보다 저렴하게 구매했습니다.

3 활용 팁

- 관심 상품의 카테고리를 설정해 개인화된 추천을 받아보세요.
- AI의 리뷰분석을 참고하되 최종 결정은 스스로 내리세요.

시니어들이 꼭 기억해야 할 팁

① 개인정보 보호
- 앱 설치 시 권한 요청과 개인정보 처리 방침을 꼼꼼히 확인하세요.
- 비밀번호는 어렵게 설정하고 공공 와이파이 사용 시 주의하세요.

② 기초부터 시작
- 음성비서로 알람 설정, 날씨 확인 등 간단한 기능부터 연습하세요.
- 카메라 AI로 문서 인식, 번역 등 실용적인 기능을 익히세요.

③ 꾸준히 배우기
- 하루 한 번 새로운 기능을 시도하며 작은 성공 경험을 쌓아보세요.
- 기술 변화를 긍정적으로 받아들이고, 필요한 부분부터 천천히 익혀가세요.

④ 도움 요청하기
- 가족, 친구, 강사, 동영상을 활용해 구체적으로 질문하세요.
- 문제를 혼자 해결하려고 하지 말고 전문가의 도움을 받으세요.

AI는 우리의 일상을 더 편리하고 풍요롭게 만들어주는 도구입니다. 스마트폰 AI를 적극적으로 활용해 디지털 생활을 즐겁게 시작해 보세요. 경험을 쌓아가며 AI가 제공하는 혜택을 만끽할 수 있을 것입니다.

4강 스마트폰 활용

말로 문자 보내기

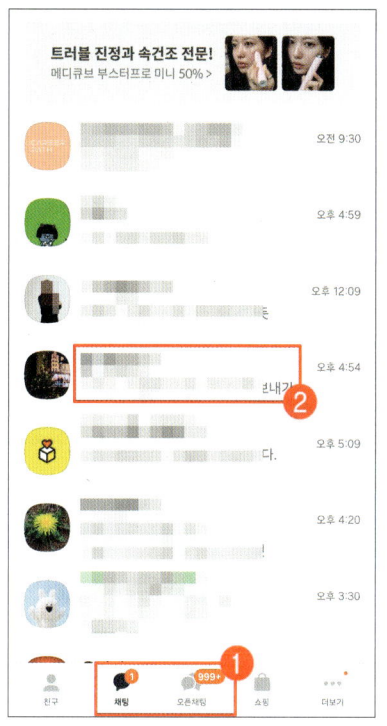

1 카카오톡에서 ① [**채팅, 혹은 오픈채팅**]을 터치합니다. ② [**메시지를 보낼 채팅방**]을 선택합니다.

2 내비게이션 바의 왼쪽에 ① [**마이크**]를 터치하여 활성화합니다. **3** ① [**마이크**]가 파란색으로 활성화 된 후 말하는 내용이 텍스트로 입력됩니다. [**마이크**]를 다시 터치하여 종료합니다.

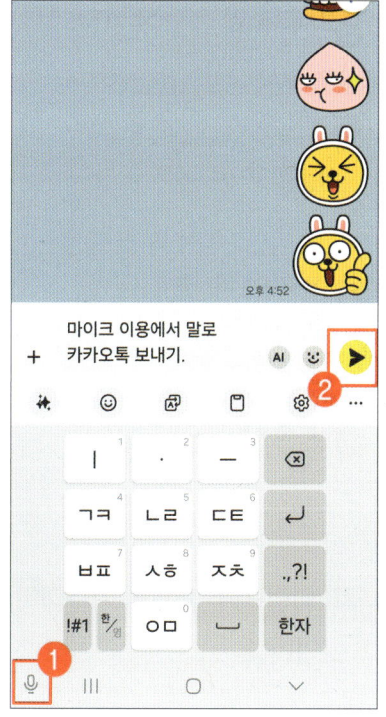

1 ① [**마이크**]가 회색으로 비활성화 된 후 오타나 추가할 내용을 확인하고 수정합니다. ② 비행기 모양의 [**보내기**]를 터치합니다.

2 말로 메시지 보낸 결과를 확인합니다.

천천히, 차근차근 따라 하면 누구나 할 수 있어요!

[안드로이드 14버전에서 마이크 위치 찾기]

1 ① 내비게이션 바 왼쪽에 [마이크]가 있습니다. **2** 내비게이션 바 왼쪽에 키보드 아이콘이 보이는 경우 : ① [키보드 아이콘]을 길게 터치 합니다. **3** 팝업으로 나타나는 메뉴에 ① [음성 입력]을 터치하면 마이크가 나타납니다.

[안드로이드 14 버전에서 마이크가 안 보이는 경우]

1 ① 내비게이션 바에도, 키보드 어디에도 마이크가 보이지 않는 경우가 있습니다. 이런 경우 설정을 켜주어야 합니다. **2** 스마트폰 상단의 알림창을 쓸어내리면 우측 상단에 [설정] 아이콘이 보입니다.

3 [설정] 아이콘을 터치하고 들어간 후 [일반]을 클릭합니다

 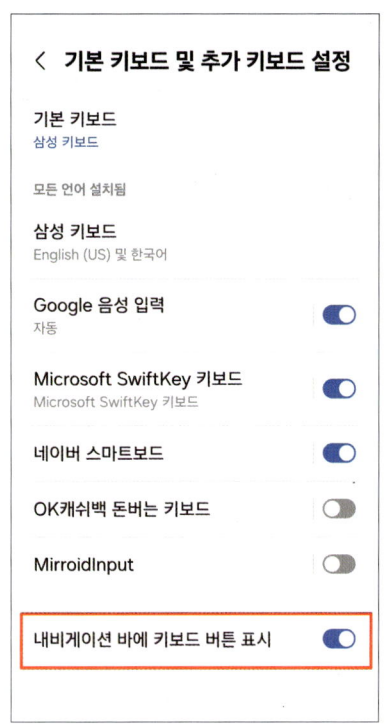 

1️⃣ [**기본 키보드 및 추가 키보드 설정**]을 터치합니다. 2️⃣ [**내비게이션 바에 키보드 버튼 표시**]를 터치하여 활성화해 줍니다. 3️⃣ 카카오톡으로 돌아가서, 내비게이션 바 왼쪽에 나타난 ① [**키보드**] 아이콘을 길게 누른 후 [**음성 입력**]을 선택하면 마이크 아이콘이 나타납니다.

 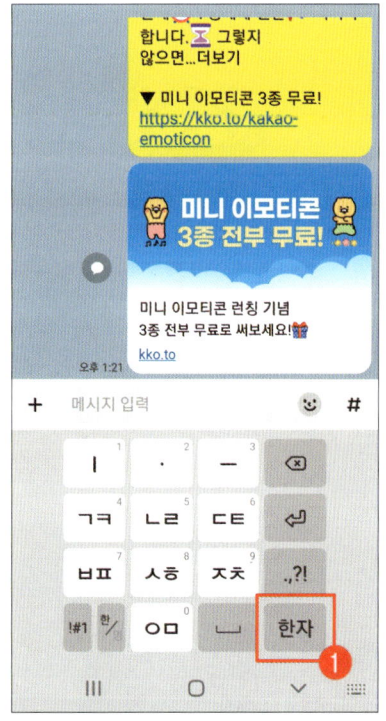 

[안드로이드 14 이전 버전에서 마이크 위치 찾기]

1️⃣ 일반적으로 키보드 위쪽의 툴바에 ① [**마이크**]가 있습니다. 2️⃣ 툴바가 꺼져 있어 안 보이는 경우 ① [**한자**]를 길게 터치합니다. 3️⃣ 팝업으로 나오는 메뉴 중 ① [**마이크**]를 터치합니다.

네이버 앱 제대로 활용하기

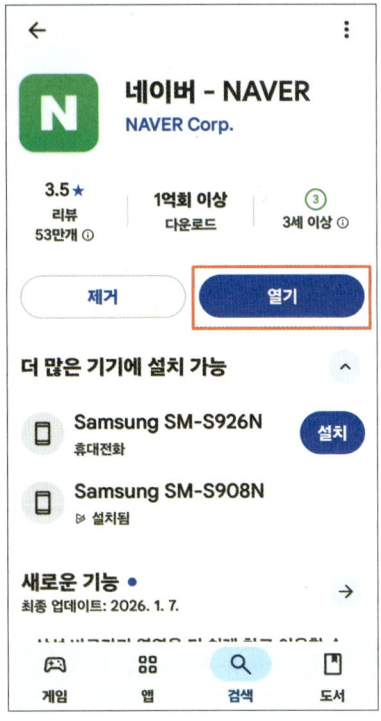
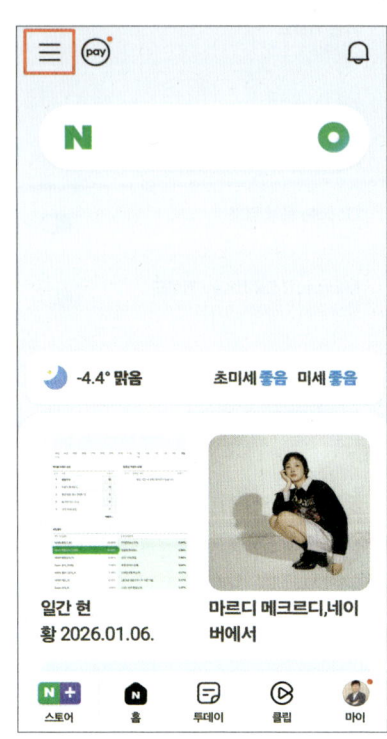
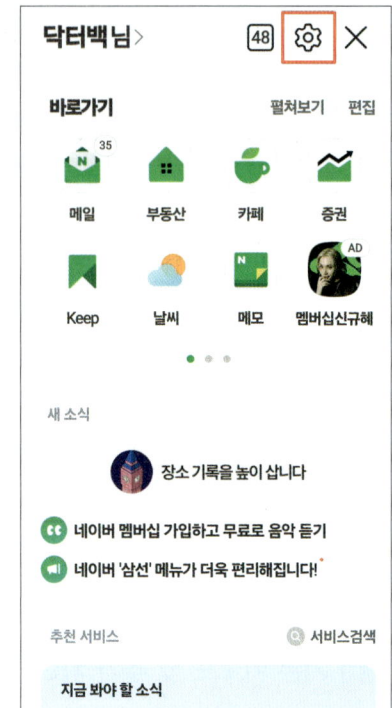

1 구글 플레이 스토어에서 [네이버] 앱을 설치한 후 [열기]를 터치합니다.

2 왼쪽 상단의 [더보기 ☰]를 터치합니다.

3 우측 상단 톱니바퀴 모양의 [설정]을 터치합니다.

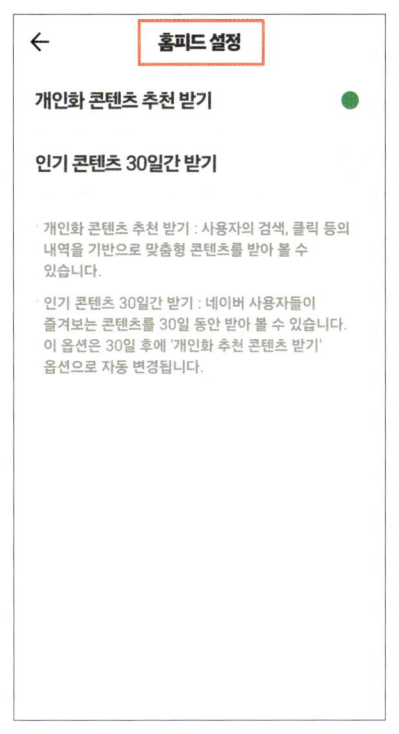

1 ① 네이버 첫 화면에 어떤 뉴스·콘텐츠를 보여줄지 선택하고 조절하는 기능입니다. ② 글자 크기와 글꼴을 바꿔서 화면을 보기 편하게 만드는 설정입니다. **2** 홈피드는 네이버 앱을 열었을 때 가장 먼저 보이는 콘텐츠 모음 화면입니다. **[개인화 콘텐츠 추천 받기]**는 내 검색·이용 기록을 바탕으로 관심 있을 만한 콘텐츠를 보여줍니다. **[인기 콘텐츠 30일간 보기]**는 최근 30일 동안 많은 사람이 본 인기 콘텐츠를 모아서 보여줍니다. **3** ① 화면 스타일을 **[라이트 모드]**와 **[다크모드]**로 설정할 수 있고, ② **[글자 크기와 글꼴]**을 설정할 수 있습니다.

1 ① **[스토어]**는 네이버에서 상품을 검색하고 구매하는 쇼핑 전용 공간입니다. ② **[투데이]**는 많이 보는 뉴스와 이슈를 한눈에 보여주는 당일 콘텐츠 모음 화면입니다. ③ **[클립]**은 짧은 영상(숏폼)을 빠르게 넘겨보는 짧은 동영상 서비스입니다. **2** **[스토어]**탭에서 상품 및 브랜드 검색을 할 수 있습니다. **3** ① **[클립]**에서 짧은 동영상을 보며 ② 각종 정보를 검색할 수 있습니다.

1 ① [**투데이**]를 터치합니다. ② [**구독중**]을 터치합니다.

2 ① 하단의 구독할 매체를 터치하면 언론사 구독이 추가됩니다. ② [**저장**]을 터치합니다.

3 ① 네이버 검색창에 [**인공지능**]을 입력하고 검색 아이콘을 터치합니다. ② 하단의 검색된 기사를 터치합니다.

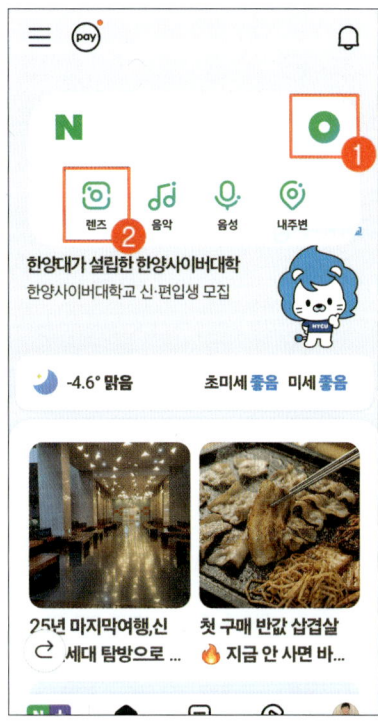

1 ① [**요약**]을 터치하면 기사를 간략하게 요약해 줍니다. ② [**스피커**]를 터치하면 기사를 음성으로 들을 수 있습니다. ③ 글자 크기를 조절할 수 있습니다. ④ [**더보기**]를 터치합니다. **2** [**Keep**]에 저장 ② [**홈 화면에 추가**] ③ [**번역기**]를 실행할 수 있습니다. **3** ① 초록색 [**그린닷**]을 터치합니다. ② 이미지 검색을 위해 [**렌즈**]를 터치합니다.

1 [렌즈]를 선택한 후, ① [스마트렌즈]를 선택하거나 ② [쇼핑렌즈]를 선택하고 대상물을 촬영합니다.

2 [스마트렌즈]를 통해 네이버 블로그, 카페, 이미지 등에서 해당 제품에 대한 각종 정보를 검색할 수 있습니다.

3 [쇼핑렌즈]는 쇼핑에 최적화된 다양한 가격 비교 검색 결과를 확인할 수 있습니다.

● 프롬프트란 무엇인가?

- [프롬프트(Prompt)]는 사용자가 AI에게 주는 지시문 입니다.
- 챗GPT 같은 대형 언어 모델(LLM)은 사용자의 프롬프트에 따라 결과가 완전히 달라집니다.
- 구글 딥마인드, 마이크로소프트 등 연구 결과에 따르면 프롬프트 문장 하나 바꾸는 것만으로도 정답률이 최대 50%까지 상승했습니다.

● 프롬프트는 왜 중요한가?

[프롬프트(Prompt)]는 인공지능에게 주는 '**명령문**'이자 '**질문**'입니다. 대형 언어 모델 (LLM)의 성능은 어떤 프롬프트를 주느냐에 따라 **정확도 최대 50% 이상 차이**가 발생합니다. 즉, 좋은 질문이 좋은 답변을 이끌어냅니다.

● 효과적인 프롬프트의 핵심 원칙 (실전 적용 중심)

다음은 실제 성능 향상을 입증한 [**국제 연구 기반 3대 프롬프트**] 기법입니다.

① **원칙 기반 프롬프트 작성법** (26가지 규칙 적용)

- **명확한 역할 부여:** "너는 반드시 ~해야 한다."

  예시 "너는 지금 AI 전문가야. 반드시 아래 조건을 충족하는 답변을 만들어야 해."

- **단계별 사고 유도:** "단계별로 생각해보자(Let's think step by step)" ▶ 문제 해결력 향상
- **청중 명시:** "초등학생/전문가에게 설명하듯이 말해줘" ▶ 답변의 난이도 자동 조절
- **프롬프트 구조 통일:** 지시사항, 예시, 질문 ▶ 프롬프트 구성 오류 방지
- **공정성과 편견 제거:** "편견 없이 답하고 고정관념을 배제해줘"

위의 다섯 가지 규칙만 잘 지켜도, GPT-4가 제공하는 답변의 정확도가 눈에 띄게 높아지며 **전체 정답률이 36% 이상 향상되는 효과를 기대할 수 있습니다.**

– 프롬프트 구조 통일 제대로 활용하기 (지시사항, 예시, 질문)

프롬프트를 작성할 때 매번 구조가 바뀌면 오류가 생기거나, ChatGPT가 의도한 대로 이해하지 못할 수 있습니다. 그래서 구조를 일정하게 유지하자는 것이 핵심입니다.

`예시` **통일된 구조 형식**

• **지시사항:** 당신의 임무는 블로그 콘텐츠를 전문가처럼 작성하는 것입니다. 반드시 C-RANK, D.I.A, 스마트블록 로직을 적용하세요.

• **예시:** 블로그 주제 ▶ 'AI로 5분 만에 만드는 썸네일 제작법' / 타겟 ▶ 스마트폰 강사

• **질문:** 이런 형식의 글을 매주 수요일마다 받을 수 있나요?

통일된 구조 형식의 장점

장 점	설 명
오류 방지	프롬프트마다 구조가 다르면 ChatGPT가 잘못 이해할 수 있음 ▶ 동일 구조로 반복 시 정확도 ↑
생산성 향상	매번 구조를 고민할 필요 없이, 빠르게 복붙해서 수정만 하면 됨
협업 효율 ↑	다른 팀원도 이 구조만 익히면 누구나 같은 방식으로 프롬프트 작성 가능

`예시` **통일되지 않은 구조 형식**

"AI 강의에서 사용할 글을 작성해 줘. 예시도 좀 넣고 질문도 해줘."

이러한 프롬프트는 구조가 통일되지 않은 경우이며 ChatGPT가 무엇을, 어떻게, 누구를 대상으로 작성해야 하는지 혼란스러울 수 있습니다. 반면, **지시사항·예시·질문**처럼 고정된 구조를 반복해 사용하면 누구나 명확하고 오류 없이 프롬프트를 작성할 수 있습니다.

– 프롬프트 템플릿의 기본 구조

• **지시사항:** 당신의 임무는 **[목표]**입니다. 당신은 반드시 **[역할/전문가]**로서 **[목표 대상]**에게 **[성과물]**을 제공합니다. 다음 조건을 반드시 반영하세요

1. **[조건1]**
2. **[조건2]**
3. **[조건3]**

이건 나한테 정말 매우 중요한거야.

심호흡하고 차분하게 단계별로 전문가스럽게 작성해줘

- **예시:** "이런 느낌으로 말해줘" 하고 ChatGPT에게 예시를 보여줍니다.
  - 주제 ▶ [주제 예시]
  - 대상 ▶ [대상 예시]
  - 톤 ▶ [톤 예시: 전문가적이면서도 친근하게 / 신뢰감 있게 / 11살 아이에게 설명하듯이 등]
  - 형식 ▶ [블로그 글, PPT 개요, 카드뉴스 구성안, 영상 대본, 시나리오 등]
  - 원하는 키워드 ▶ [예시 키워드들]

- **질문:** ChatGPT에게 더 알아보고 싶은 내용이나 확인할 부분을 물어보는 단계입니다.
  1. 위 요청을 더 명확하게 하기 위해 어떤 정보를 더 드려야 할까요?
  2. 추가로 제안할 수 있는 아이디어나 구성 방식이 있다면 알려주세요.

실전적용 예시 블로그 마케팅 콘텐츠 작성용

- **지시사항:** 당신의 임무는 '스마트폰 마케팅 교육 전문가'로서 블로그 독자들에게 유익하고 신뢰감 있는 콘텐츠를 작성하는 것입니다. 다음 조건을 반드시 반영하세요.

  1. C-RANK 로직을 적용한 제목, 본문 구성
  2. D.I.A 로직 기반 문제제기-해결-결론 구조
  3. 스마트블록 로직으로 핵심 키워드와 서브 키워드 반영

이건 나한테 정말 매우 중요한거야.
심호흡하고 차분하게 단계별로 전문가스럽게 작성해줘

- **예시:** 주제 ▶ ChatGPT를 활용한 1인 기업 마케팅 자동화
  대상 ▶ 40대~60대 1인기업 대표, 디지털 교육 강사
  톤 ▶ 전문가적이지만 친근하게, 경험에서 우러나온 느낌
  형식 ▶ 네이버 블로그 포스팅
  원하는 키워드 ▶ 챗GPT, 자동화 마케팅, 스마트워크, 시니어 마케팅

- **질문**
  1. 위 내용 중에서 빠진 점이 있을까요?
  2. 블로그 방문자가 바로 상담 신청하거나 교육 문의하도록 유도하는 문장도 포함할 수 있나요?

② **감정 프롬프트** (Emotion Prompt) **활용**

- 중요성을 인식시키는 말: **"이건 내 경력에 매우 중요한 일이야"** ▶ 응답 정확도 +8%

- 확신을 요구하는 질문:**"답이 확실한가요?"**, **"다시 검토해줘"** ▶ 신중한 응답 유도

- 보상 제시:**"정답을 말하면 10만 원 보상할게"** ▶ 응답 품질 상승 보고됨
  단순히 명령을 넘어서 감정이 담긴 문장이 AI의 응답 수준을 높이는 강력한 무기입니다.

  출처: 마이크로소프트 공동연구

③ **OPRO: 최적의 프롬프트를 AI가 스스로 찾는 방식**

- '최적의 지시문'을 찾기 위한 프롬프트 최적화 기법

- AI에게 수십 개의 후보 문장을 제시 후 가장 정확한 결과를 도출하는 프롬프트를 스스로 학습하게 함

- 실제로 "Take a deep breath and solve step-by-step"라는 프롬프트는 기존 대비 정확도+8.4% 향상됨

– **OPRO**(Optimal Prompting with Reinforcement Optimization)**의 정의**

- **O** (Optimal)
: "최적의"를 의미하며, AI가 목표에 가장 부합하는 방식의 프롬프트를 찾는 것을 지향합니다.

- **P** (Prompting)
: AI에게 주어지는 지시문 또는 질문을 의미하며, AI 모델의 반응을 유도하는 핵심 요소입니다.

- **R** (Reinforcement)
: 강화 학습(강화 기법)을 의미합니다. AI가 프롬프트에 대한 성능을 스스로 평가하고 더 나은 방식으로 개선해 나가도록 합니다.

- **O** (Optimization)
: 최적화를 뜻하며, 다양한 프롬프트 중에서 가장 성능이 좋은 형태를 자동으로 선택/개선하는 과정을 의미합니다.

"AI가 스스로 다양한 프롬프트를 시도하고, 그중에서 가장 효과적인 방식을 선택하여 최고의 결과를 만들어내는 방법" 즉, 사람 대신 AI가 직접 "좋은 프롬프트가 무엇인지" 실험하고 학습하여 찾아내는 기술입니다.

Step 1. 사람이 직접 프롬프트를 다듬는 대신,

Step 2. AI가 여러 프롬프트를 스스로 조합·시도해 보고,

Step 3. 결과가 가장 좋은 프롬프트를 자동으로 선택!

출처: Google DeepMind의 최신 연구

● 실전 프롬프트 작성 5단계 체크리스트

단계	질문	실전 적용
1단계	누구에게 말하는가?	"50대 시니어 대상 강의니까 쉬운 용어 사용"
2단계	역할을 주었는가?	"당신은 디지털 복지 전문가입니다"
3단계	단계적 사고 유도했는가?	"단계별로 생각해보자" 문구 포함
4단계	결과 형태 지시했는가?	"표 형식으로 정리해줘 / 요약문단 3줄로 작성해줘"
5단계	반복·검토 유도했는가?	"다시 한 번 검토해줘. 정말 정확한지 확인해줘"

● 예시 프롬프트 비교

잘못된 프롬프트	개선된 프롬프트
"챗GPT, 스마트폰 교육 자료 만들어줘"	"너는 지금 디지털 교육 강사야. 60대 시니어에게 스마트폰 카메라사용법을 쉽게 설명하는 3단계 수업안을 표로 정리해줘. 단계별로 생각해서 차근차근 작성해줘."

● AI 시대, 프롬프트는 '질문력'이다

- AI를 잘 활용하는 사람은 좋은 프롬프트 사용자입니다.
- 프롬프트 작성은 기술이자, 사고의 구조를 명확히 하는 디지털 시대의 새로운 문해력입니다.
- 디지털콘텐츠그룹의 프롬프트 교육은 실전 중심이며, 누구나 AI를 도구로 활용할 수 있게 만듭니다.

● 로·고·타·루·톤 구조로 쉽게 배우는 챗GPT 명령어 전략

"AI를 잘 쓰고 싶은가요? 질문을 바꾸면 인생이 바뀝니다. AI시대의 핵심 역량은 '질문력'입니다."

디지털콘텐츠그룹에서 연구하고 최적의 결과물을 얻기위한 프롬프트 기법 노하우를 알려드립니다. 프롬프트 기법은 **"로·고·타·루·톤"** 프롬프트 구조(ROLE, GOAL, TASK, RULE, TONE)를 기반으로, 학술지 논문에서 검증된 원칙들과 연결하여 정리한 내용입니다. 누구나 쉽게 이해할 수 있도록 구성했습니다.

챗GPT처럼 대형 언어 모델(LLM)은 '프롬프트(prompt)'를 어떻게 주느냐에 따라 결과의 질이 완전히 달라집니다. 실제 연구에 따르면, 단어 하나 바꾸는 것만으로도 정확도가 **8%~50%까지 향상**되기도 합니다.

● 핵심은 '로·고·타·루·톤' 구조

복잡한 이론 말고, 하단의 다섯 가지 핵심만 기억하세요. AI와 대화할 때는 이 다섯 가지가 **생각 정리 + 명확한 결과**를 가져옵니다.

항목	의미	설명	질문 예시
로 (ROLE)	역할	AI에게 정체성을 부여	"너는 지금 디지털교육 전문가야"
고 (GOAL)	목표	결과물의 목적 명시	"시니어를 위한 스마트폰 강의안을 만들어줘"
타 (TASK)	작업	구체적으로 무엇을 해야할지 지시	"3단계 수업 구성으로 표 형태로 작성해줘"
루 (RULE)	규칙	형식, 조건, 기준 제시	"쉬운 용어만 써줘 / 500자 이내로 요약해줘"
톤 (TONE)	말투	결과물의 말투나 어조 명시	"친절하고 이해 쉬운 설명으로 작성해줘"

● **과학적으로 검증된 기법과 '로고타루톤'의 결합**

① ROLE (역할) − AI에게 '정체성'을 부여하라

• Chat GPT는 '너는 지금 누구다'라는 설정을 줄 때 더 정밀한 답변을 합니다.

> **예시** 잘못된 예: "디지털 교육 알려줘"
>
> 올바른 예: "너는 디지털복지 전문가야. 시니어 눈높이에 맞춰 설명해줘."

② GOAL (목표) − 결과의 목적을 분명히 하라

• AI는 목적이 뚜렷할수록 집중된 출력을 제공합니다.

> **예시** "블로그 포스팅용 초안이야" "강의용 교재로 쓸 거니까 단계별로 정리해줘."

③ TASK (작업) − 할 일을 명확하게 말하라

• 작업을 구체적으로 지시하면 결과물 품질이 향상됩니다.

• 연구 결과: "Let's think step by step(단계별로 생각해보자)"는 실제 정확도 +8% 향상

④ RULE (규칙) − 형식, 분량, 조건을 알려줘라

• 글자 수, 형식, 금기사항을 넣으면 AI가 지키려 합니다.

> **예시** "표 형식으로 정리해줘" "전문용어 없이 설명해줘" "200자 이내 요약문으로 끝내줘"

⑤ TONE (톤) − 어조, 말투를 구체화하라

• Chat GPT는 말투를 조정할 수 있습니다.

> **예시** "초등학생이 이해할 수 있도록 쉽게" "전문가다운, 친절하고 신뢰감 있게 말해줘"

● 프롬프트 완성 예시

– 시니어 대상 스마트폰 수업을 위한 강의안을 만들고 싶다면?

> 너는 디지털 콘텐츠 강사야. (ROLE)
>
> 60대 이상 시니어를 대상으로 스마트폰 사진 촬영 기초를 가르쳐야 해. (GOAL)
>
> 3단계 수업 흐름으로 구성된 강의안을 표로 정리해줘. (TASK)
>
> 각 단계는 쉬운 용어로 구성하고, 500자 이내로 요약해. (RULE)
>
> 말투는 친절하고, 시니어 눈높이에 맞춰 설명해줘. (TONE)

– 실제 효과: 연구로 증명된 프롬프트 기법들

기법	설명	효과
단계별 사고 유도	"Step by step" 문구 삽입	정답률 +8% 향상
감정 강조 프롬프트	"이건 내 경력에 매우 중요해요"	AI의 집중도 ↑ 정확도 ↑
검토 유도 문장	"정답이 확실한가요? 다시 한번 검토해 주세요"	신중한 결과 도출

"AI 시대, 질문이 곧 실력입니다."

프롬프트는 단순한 지시가 아니라, 사고를 정리하는 방식이자 문제 해결 전략입니다.
로·고·타·루·톤 구조를 익히면, 누구나 AI를 활용한 스마트한 디지털 교육자가 될 수 있습니다.

● 실전 프롬프트 예시 ①

> ROLE: 너는 시니어 디지털 교육 전문가야.
>
> GOAL: 60세 이상 시니어를 대상으로 스마트폰 사진 촬영 기초를 가르치려 해.
>
> TASK: 3단계 수업 흐름으로 구성된 강의안을 표로 만들어줘.
>
> RULE: 각 단계는 300자 이내로 요약하고, 초등학생도 이해할 수 있을 만큼 쉽게 써줘.
>
> TONE: 따뜻하고 친절한 말투로 설명해줘.
>
> 이건 나한테 정말 매우 중요한 거야. 심호흡하고 차분하게 단계별로 전문가스럽게 작성해줘.

● 실전 프롬프트 예시 ②

– 블로그용 챗GPT 마케팅 콘텐츠를 만들고 싶다면?

ROLE: 너는 대한민국 최고의 네이버 블로그 마케팅 전문가야.

GOAL: 블로그 방문자에게 챗GPT 활용법을 매력적으로 소개해서 강의 문의를 유도해야 해.

TASK: C-RANK, D.I.A 로직, 스마트블록 구조를 적용한 마케팅 글을 1,500자 내외로 써줘.

RULE: 전문가다운 어조지만 친근함을 잃지 말고, 첫 문장은 시선을 끌 수 있게 시작해줘.

TONE: 마치 내가 실제로 써본 경험을 바탕으로 쓴 것처럼 자연스럽고 신뢰감 있게 작성해줘.

이건 나한테 정말 매우 중요한 거야. 심호흡하고 차분하게 단계별로 전문가스럽게 작성해줘.

엑티브 시니어들을 위한 AI리터러시

● 실전 프롬프트 예시 ③

– 강의용 PPT 초안을 만들고 싶다면?

ROLE: 너는 AI 활용 교육 전문 강사야.

GOAL: '디지털복지사 양성과정' 특강을 위한 PPT 초안을 만들려고 해.

TASK: 10페이지 분량 슬라이드 제목과 각 슬라이드에 들어갈 핵심 내용을 항목별로 정리해줘.

RULE: 각 슬라이드는 제목 1줄, 핵심요점 3줄 이내 작성하고, 학습자 수준은 디지털 초급자로 가정해.

TONE: 공공기관 교육에서도 사용할 수 있을 만큼 전문적이지만, 누구나 이해하기 쉽게 말해줘.

이건 나한테 정말 매우 중요한 거야. 심호흡하고 차분하게 단계별로 전문가스럽게 작성해줘.

● 포인트 요약

구성요소	질문 예시	설명
ROLE	"너는 AI 전문가야"	명확한 역할 부여
GOAL	"시니어를 위한 콘텐츠를 만들고 싶어"	목적 명확화
TASK	"3단계 수업 흐름으로 표로 정리해줘"	해야 할 작업 구체화
RULE	"쉬운 단어로, 300자 이내로 작성해줘"	조건 설정
TONE	"따뜻하고 친근한 어조로 말해줘"	말투 지시
강조 문장	**"이건 나한테 정말 매우 중요한 거야. 심호흡하고 차분하게 단계별로 전문가스럽게 작성해줘."**	감정 프롬프트 적용 → AI 응답의 집중도 상승

● 마무리 요약

- 로·고·타·루·톤 – 프롬프트를 논리적으로 구성하는 핵심 5요소
- 감정 프롬프트 삽입 – 문제의 중요성을 AI에게 인식시켜 성능 향상 유도
- 단계별 사고 유도 – "step by step" 문구는 실제 정확도 향상에 효과적

AI 챗지피티(ChatGPT)는 사람이 사용하는 자연스러운 말을 이해하고, 축적된 방대한 정보와 언어 분석 기술을 바탕으로 글로 답해주는 인공지능 대화 도구입니다. 질문에 대해 단순한 정보 나열이 아니라 핵심을 파악해 정리하고 상황에 맞는 설명과 필요한 문장·아이디어를 제공합니다. 검색, 글쓰기, 일정 정리, 설명 요청 등 일상과 학습 전반에서 활용할 수 있어 디지털 환경에서 스스로 생각하고 판단하는 데 도움을 주는 도구입니다.

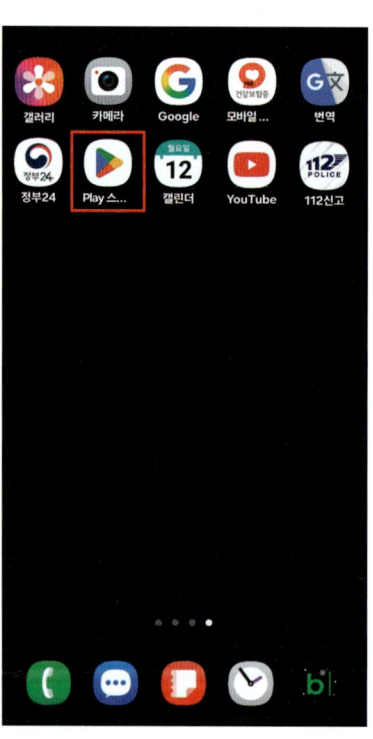

1 구글 [Play스토어]를 터치합니다. **2** 화면 하단의 [검색]을 터치합니다. **3** ① 화면 상단 검색창에 [챗지피티]를 검색합니다. ② 앱 아이콘 모양과 개발사가 OpenAI인지 확인한 후 [설치]를 터치합니다. ③ 설치가 끝나면 [열기]가 표시됩니다. [열기]를 터치하면 ChatGPT 앱이 바로 실행됩니다.

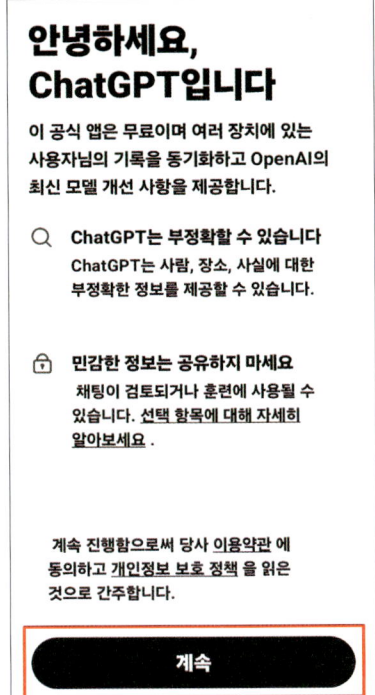  

1️⃣ 처음 실행 시 안내 화면이 표시됩니다. 하단의 [계속]을 터치하여 다음 단계로 진행합니다. 2️⃣ 첫 화면이 나타나면 화면 오른쪽 상단의 [회원 가입]을 터치합니다. 3️⃣ 구글 계정이 있는 경우 로그인 화면에서 [Google로 계속하기]를 선택하면 별도의 가입 절차 없이 바로 사용할 수 있습니다.

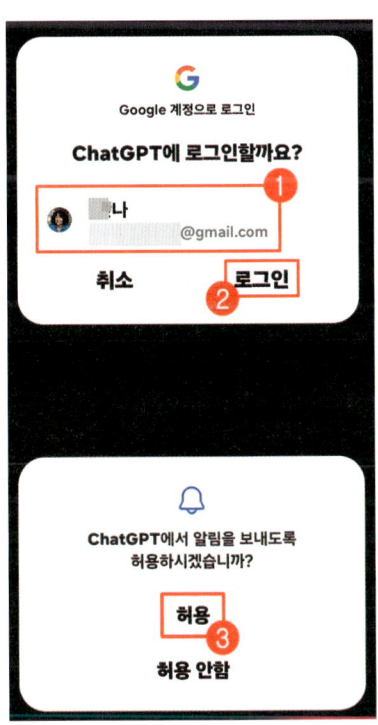 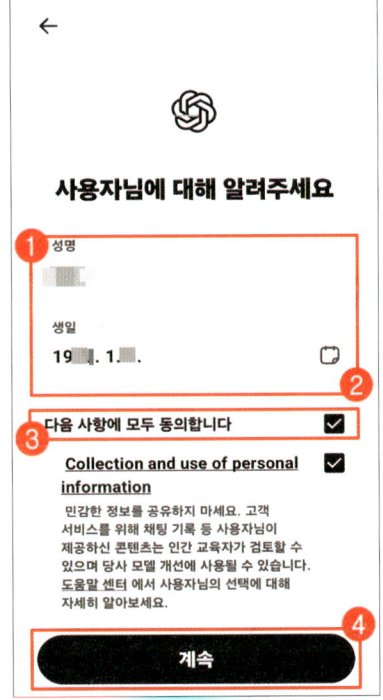 

1️⃣ ChatGPT 앱이 실행되고 하단에 안내되는 [허용]을 터치하면 다음 단계로 넘어갑니다. 2️⃣ ① 이름과 ② 생일을 입력한 뒤 ③ [모두 동의합니다.]를 터치하여 체크하고, ④ [계속]을 터치합니다. 3️⃣ 하단 [입력창 (Ask ChatGPT)]에 질문을 입력하면 ChatGPT와 대화가 시작됩니다.

 챗GPT 전화번호로 가입하기

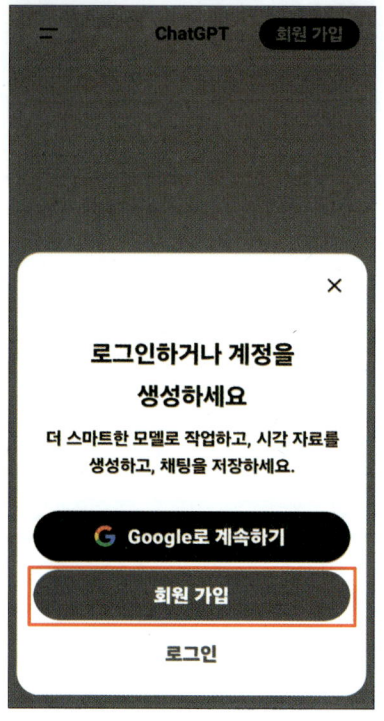 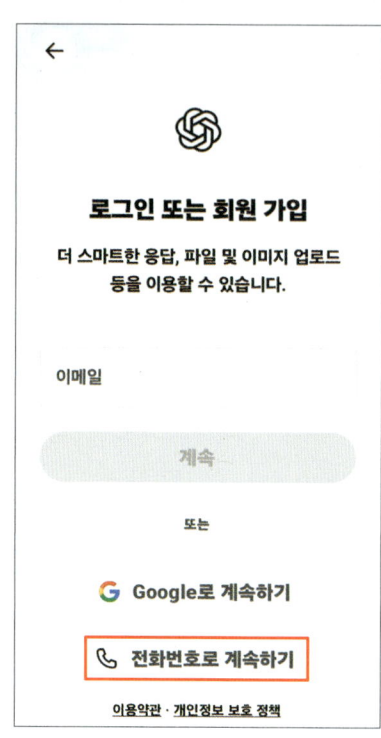 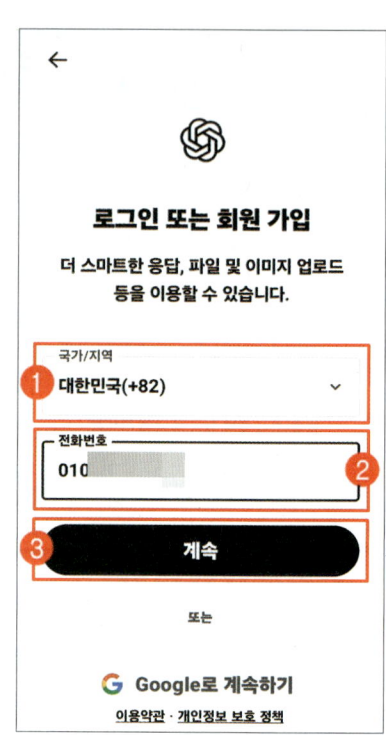

1 로그인 화면에서 [회원 가입]을 터치한 뒤 **2** [전화번호로 계속하기]를 터치합니다. **3** ① 국가를 [대한민국(+82)] 으로 확인한 후 ② 본인의 [휴대폰 번호를 입력]하고 ③ [계속]을 터치합니다.

  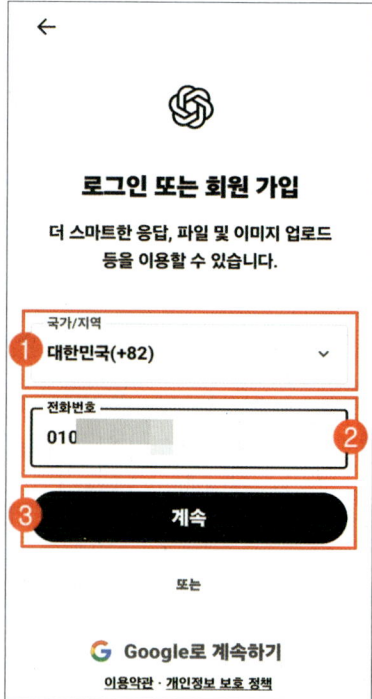

1 전화번호를 입력하면 ① [인증코드]가 문자로 전송됩니다. 수신한 ② [인증코드 6자리 입력] 후 ③ [계속]을 터치 합니다. **2** ChatGPT 앱이 실행되고 하단에 안내되는 [허용]을 터치 하면 다음 단계로 넘어갑니다. **3** ① [이름]과 ② [생일]을 입력한 뒤 ③ [계속]을 터치합니다.

 **개인 맞춤 설정하기**

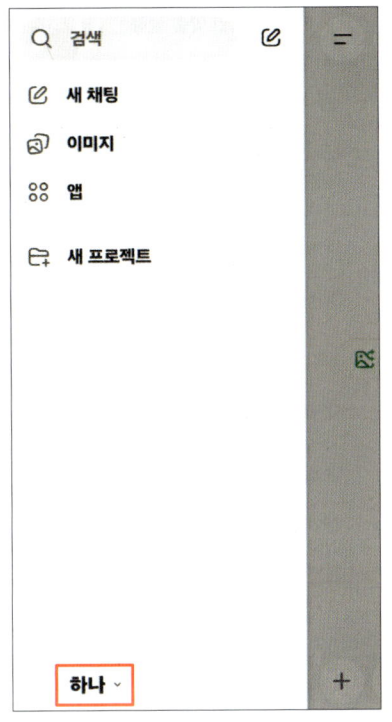

1 왼쪽 상단 [**메뉴**] 아이콘을 터치합니다. **2** 왼쪽 하단 [**사용자 이름**]을 터치합니다. **3** [**개인 맞춤 설정**] 을 터치합니다.

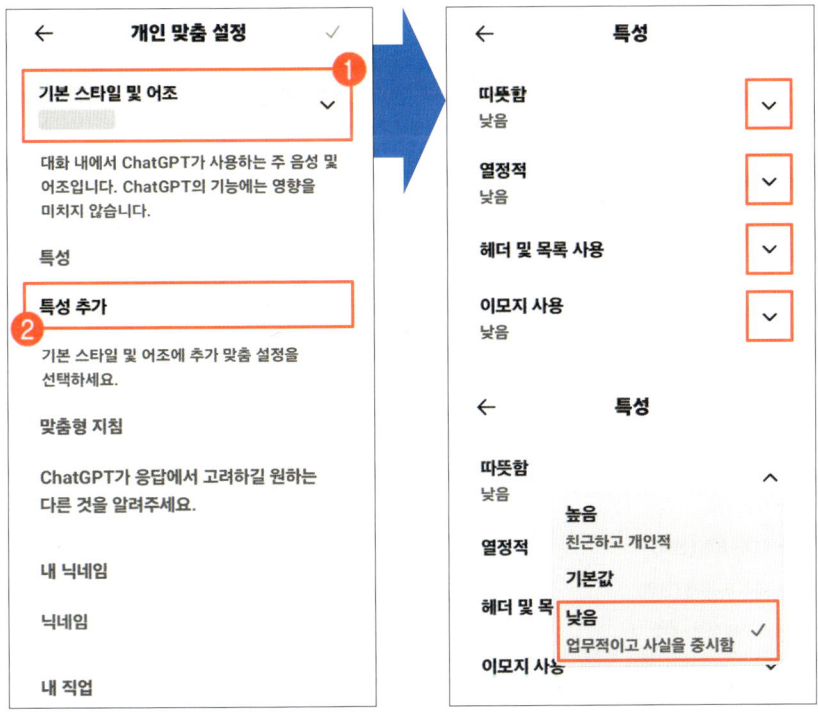
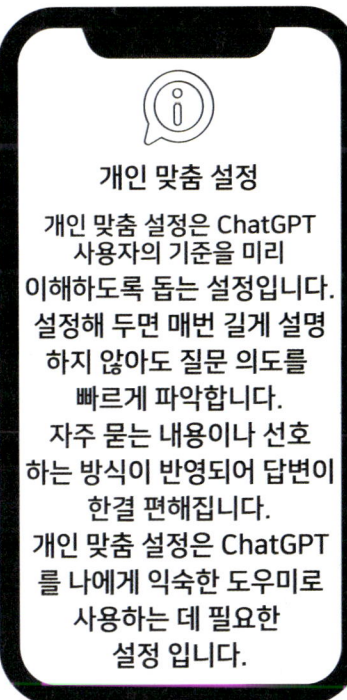

1 ① [**기본 스타일 및 어조**]를 터치하여 ChatGPT의 전반적인 대화 방식과 응답 흐름을 설정하고 ② [**특성 추가**]를 터치하여 사용자에게 맞는 말투와 응답 성향을 선택합니다.

천천히, 차근차근 따라 하면 누구나 할 수 있어요!

맞춤형 지침

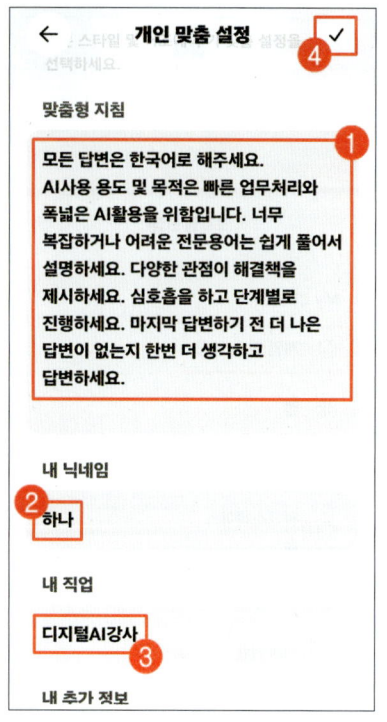

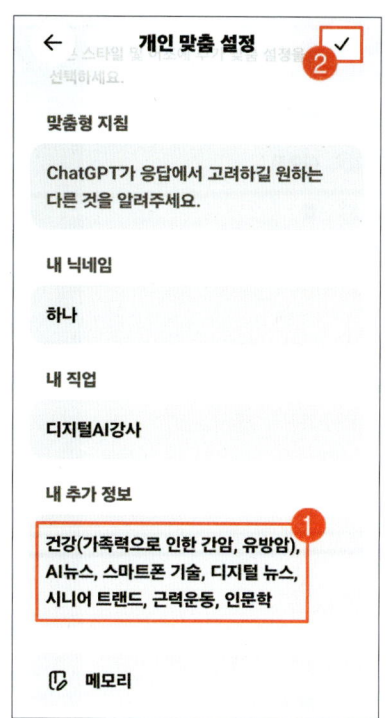

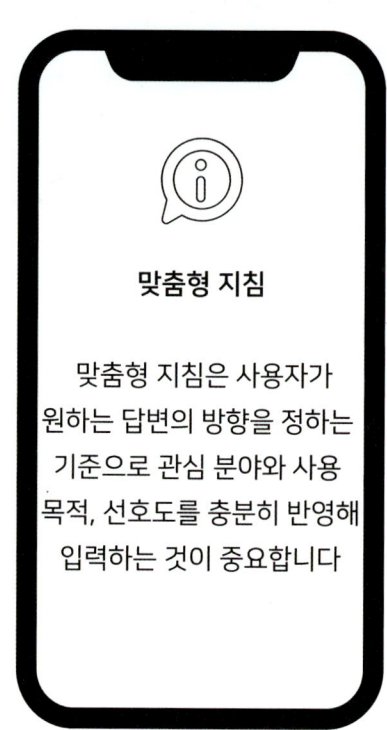

1 ① [**맞춤형 지침**], ② [**내 닉네임**], ③ [**내 직업**]을 터치하여 입력하고 필요에 따라 [**내 추가 정보**]에서 관심 분야나 취미를 함께 입력합니다. **2** 모든 입력이 끝나면 오른쪽 상단의 ④ [**V**] 표시 터치 후 저장합니다.

● 대화하기 예시 **1**

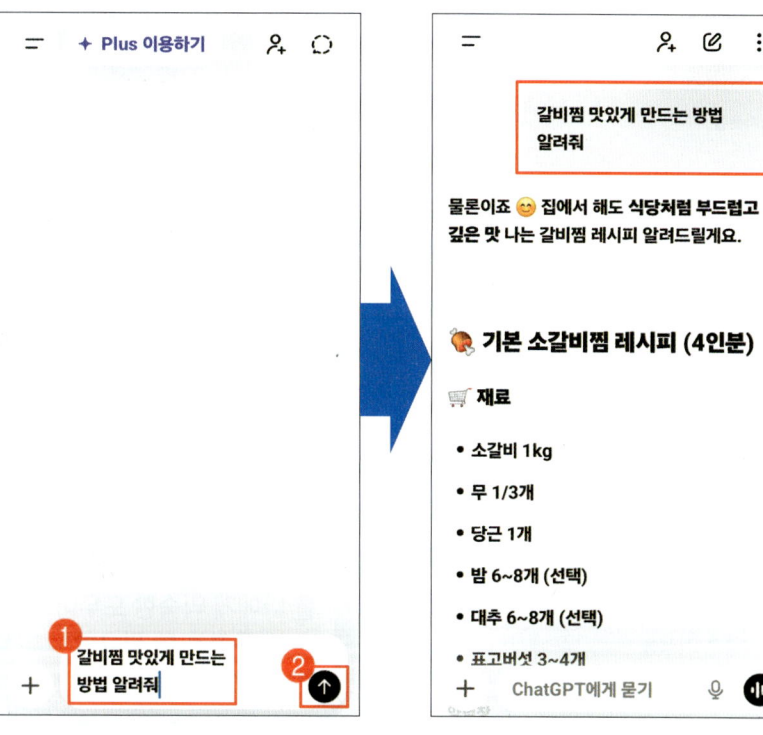

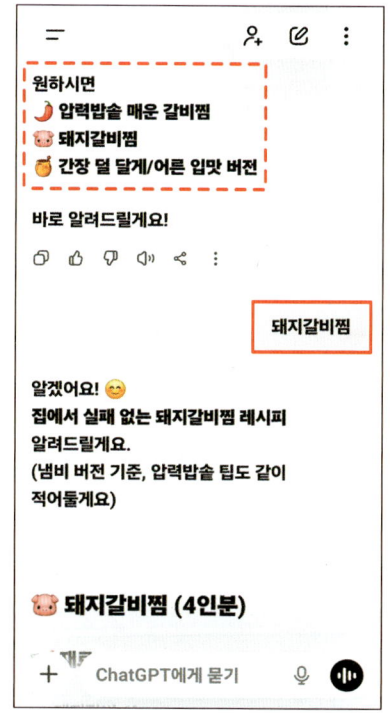

1 ① 하단 입력창에 명령어를 작성한 후 ② 오른쪽 [**화살표**] 모양의 전송 버튼을 터치하면 명령어가 전달됩니다.
2 ChatGPT는 입력된 명령어를 바탕으로 갈비찜 레시피를 정리하여 안내합니다. 사용자는 이를 보며 [**추가 질문**]을 이어갈 수 있습니다.

● 대화하기 예시 ❷

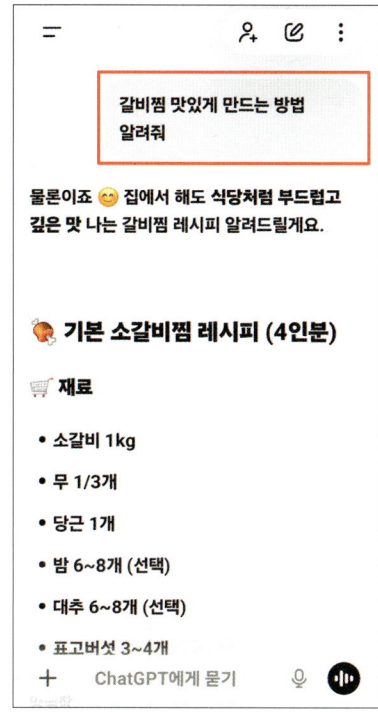

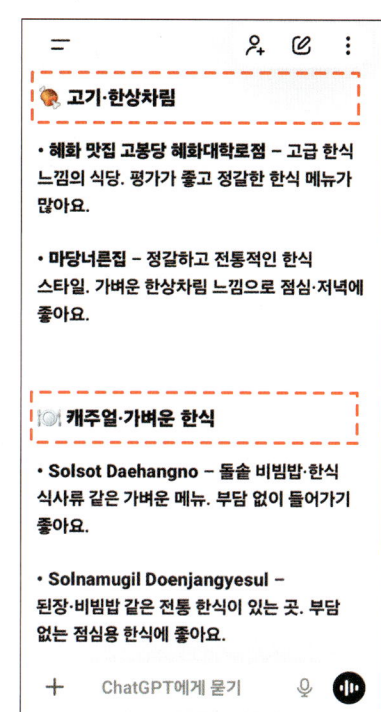

갈비찜 레시피에 대한 명령어를 기준으로 대화가 진행된 상태에서 다른 주제를 질문하면 ChatGPT는 이전 대화를 기준으로 답변이 이어지므로 다른 주제의 정확한 답변을 받기 위해서는 반드시 [새 채팅]을 열어 질문합니다.

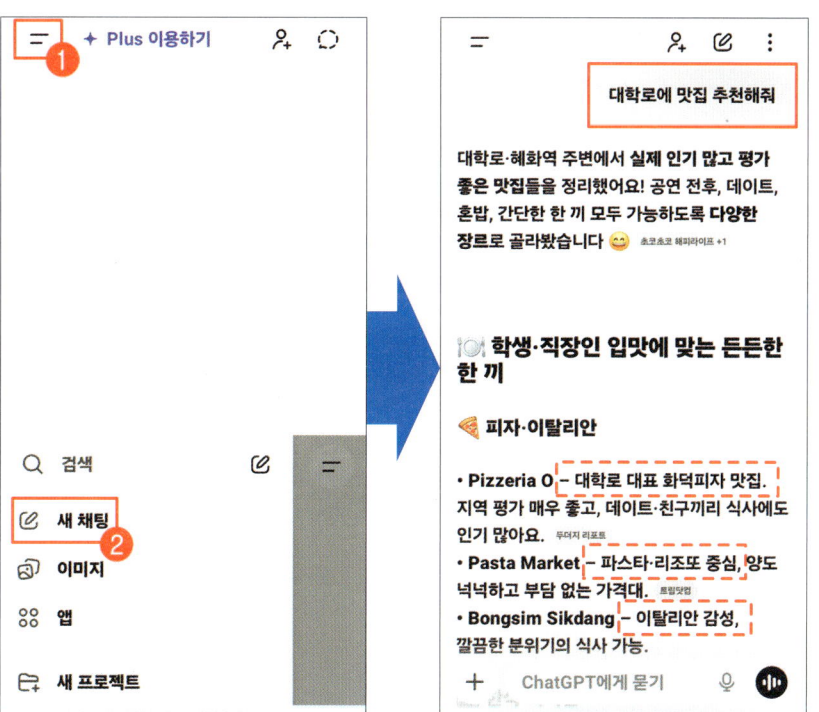

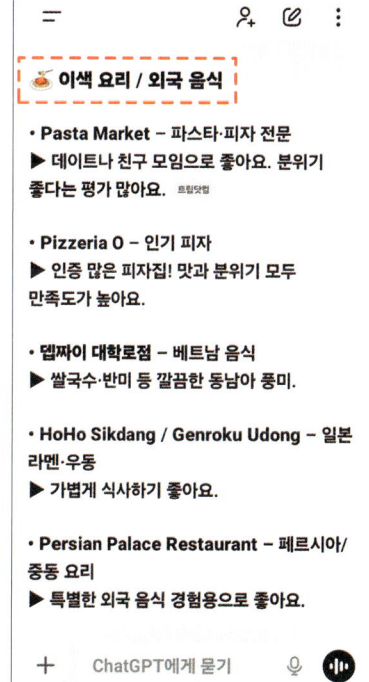

1 ① 화면 왼쪽 상단에 [메뉴] 아이콘을 터치합니다. ② [새 채팅]을 터치합니다. **2** [새 채팅]을 열어 질문하면 이전 대화와 상관없이 새로운 기준으로 답변을 제공합니다. 이 경우 요청한 지역 특색에 맞는 다양한 맛집을 안내받을 수 있어 원하는 결과를 얻는 데 도움이 됩니다.

 **음성대화 시작하기**

 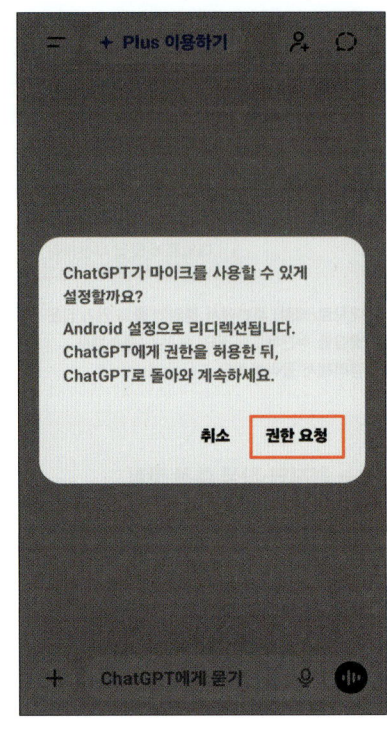 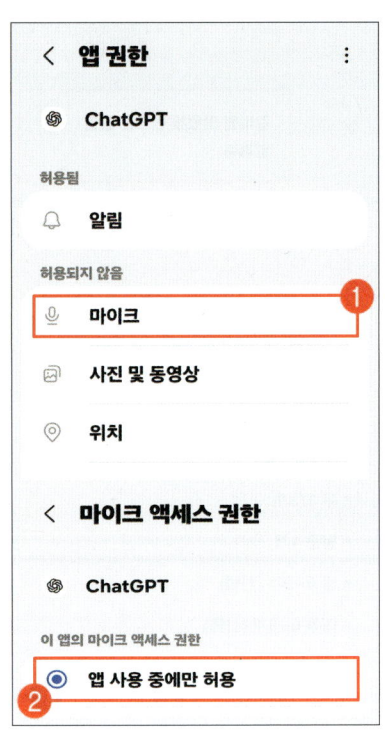

1 화면 오른쪽 하단의 [**마이크**] 아이콘을 터치하면 음성 대화를 시작할 수 있습니다. **2** 음성 기능을 처음 사용할 때는 ChatGPT가 [**마이크**] 사용 [**권한 요청**]을 합니다. **3** ① 권한 목록에서 [**마이크**] 항목을 선택합니다. ② 마이크 액세스 권한 화면에서 [**앱 사용 중에만 허용**]을 선택합니다.

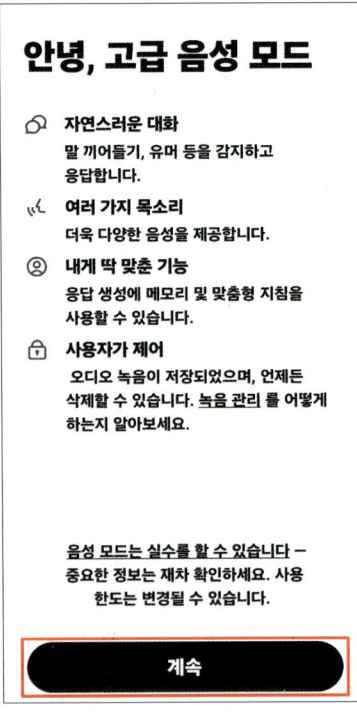  

1 이 화면은 고급 음성 기능을 안내한 내용으로 말로 자연스럽게 대화할 수 있는 기능이며, 일부 음성과 개인 맞춤에는 제한이 있음을 안내합니다. 내용을 확인한 후 [**계속**]을 터치합니다. **2** ① 음성 선택에서 화면을 [**좌우로 넘겨**] 원하는 음성을 선택한 후 ② [**완료**]를 터치하면 설정이 끝나며 **3** 이후 [**음성 대화를 바로 시작**]할 수 있습니다.

● 이미지 생성 및 합성하기 예시 ❶

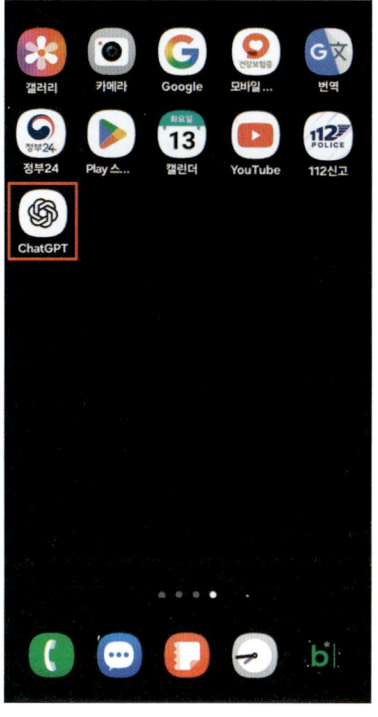

1 스마트폰 화면에서 **[ChatGPT]**앱 아이콘을 터치합니다.

2 화면 하단 왼쪽에 **[더하기(+)]**를 터치한 후 **3** **[이미지 만들기]**를 터치합니다.

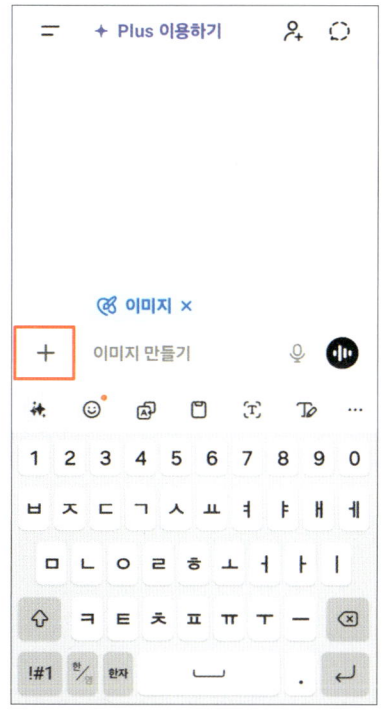

1 화면 하단 왼쪽에 **[더하기(+)]**를 터치한 후

2 메뉴에서 **[사진]**을 터치합니다.

3 앨범이 열리면 사진 목록 화면에서 첨부할 ① **[사진]**을 선택한 후 화면 오른쪽 하단의 ② **[완료]**를 터치합니다.

1 ① 사진이 첨부된 상태에서 입력창에 [**명령어(prompt)**]를 작성하고 ② 오른쪽 [**화살표**]를 터치하여 전송합니다. **2** ChatGPT는 입력한 명령어를 바탕으로 사진에 글자가 포함된 이미지를 생성합니다. **3** 완성된 이미지를 터치한 후 화면 상단의 [**저장**]을 선택하여 스마트폰에 저장하거나 공유할 수 있습니다.

● 이미지 생성 및 합성하기 예시 ❷

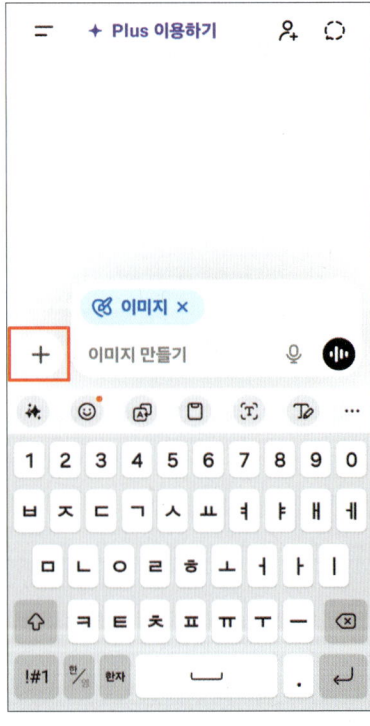

1 ChatGPT 앱에 접속한 후 화면 하단 왼쪽에 [**더하기(+)**]를 터치하고 **2** [**이미지 만들기**]를 터치합니다. **3** 화면 하단 왼쪽에 [**더하기(+)**]를 터치합니다.

1 메뉴에서 [**사진**]을 선택하면 앨범이 열립니다. **2** ①,② 앨범의 사진 목록 화면에서 첨부할 [**사진 두 장**]을 선택한 후 ③ 화면 오른쪽 하단의 [**완료**]를 터치합니다. **3** 사진이 첨부된 상태에서 ① 입력창에 [**명령어 (prompt)**]를 작성하고 ② 오른쪽 [**화살표**]를 터치하여 전송합니다. 이 예시에서는 선택한 사진을 바탕으로 배경을 바꾸고, 사진에 들어갈 문장을 함께 요청했습니다.

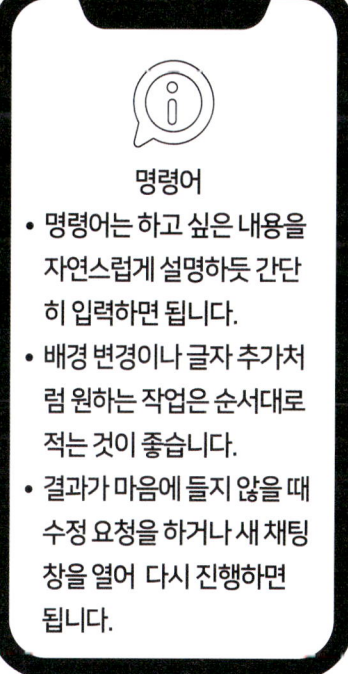

1 ChatGPT는 입력한 명령어를 바탕으로 사진 속 배경을 바꾸고 글자가 포함된 이미지를 생성합니다.

2 완성된 이미지를 터치한 후 화면 상단의 [**저장**]을 선택하여 스마트폰에 저장하거나 공유할 수 있습니다.

● 이미지 생성 및 합성하기 예시 ❸

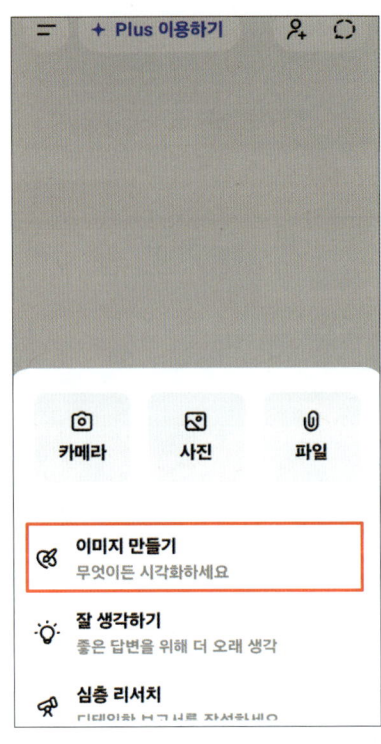

1 ChatGPT 앱에 접속한 후 화면 하단 왼쪽에 [**더하기(+)**]를 터치하고 **2** [**이미지 만들기**]를 터치합니다.
3 화면 왼쪽에 [**더하기(+)**]를 터치합니다. `

1 메뉴에서 [**사진**]을 선택하면 앨범이 열립니다. **2** ①,② 앨범의 사진 목록 화면에서 첨부할 [**사진 두 장**]
을 선택한 후 ③ 화면 오른쪽 하단의 [**완료**]를 터치합니다. **3** 사진이 첨부된 상태에서 ① 입력창에 [**명령어**
(prompt)]를 작성하고 ② 오른쪽 [**화살표**]를 터치하여 전송합니다. 이 예시에서는 거실 커튼을 바꾸는 내용
으로 명령어를 작성했습니다.

1 ChatGPT는 입력한 명령어를 바탕으로 변경된 커튼 이미지를 생성합니다. **2** 이어서 ① 추가할 소파 이미지를 앞서와 같은 방법으로 첨부한 후 ② 배치 내용을 **[명령어]**로 입력하고 ③ 오른쪽의 **[화살표]**를 터치하여 전송합니다. **3** ChatGPT는 명령어에 따라 거실에 소파까지 추가된 최종 이미지를 생성합니다.

● **이미지 생성 및 합성하기 예시 ④**

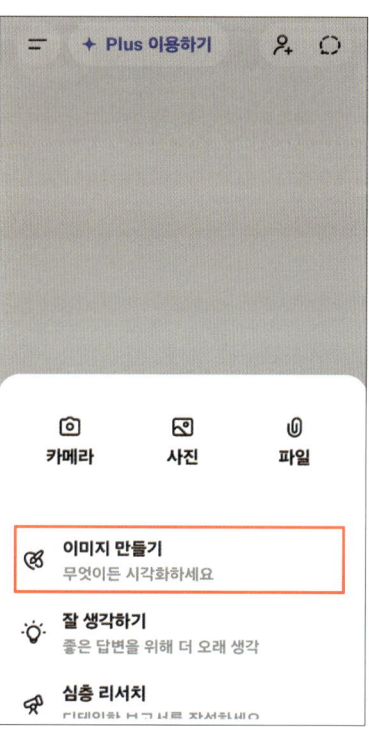
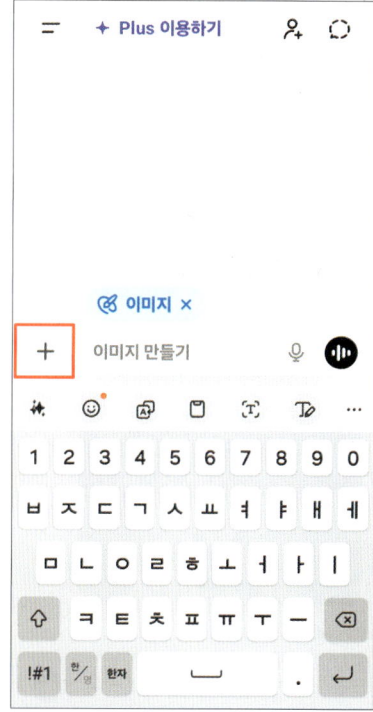

1 ChatGPT 앱에 접속한 후 화면 하단 왼쪽에 **[더하기(+)]**를 터치하고 **2 [이미지 만들기]**를 터치합니다.
3 화면 하단 왼쪽에 **[더하기(+)]**를 터치합니다.

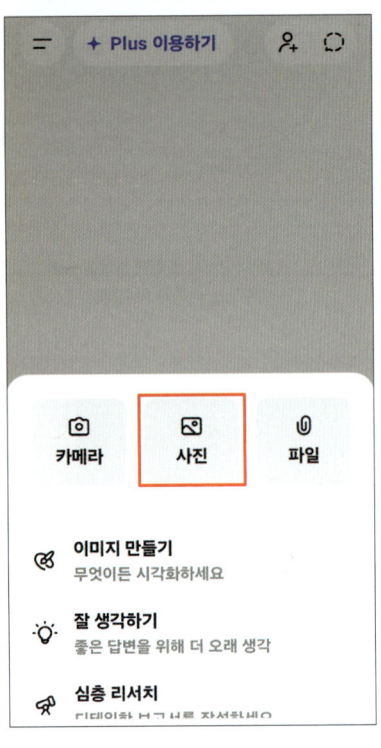

1 메뉴에서 [**사진**]을 선택하면 앨범이 열립니다. **2** ① 앨범의 사진 목록 화면에서 첨부할 [**사진**]을 선택한 후 ② 화면 오른쪽 하단의 [**완료**]를 터치합니다. **3** 사진이 첨부된 상태에서 ① 입력창에 [**명령어(prompt)**]를 작성하고 ② 오른쪽 [**화살표**]를 터치하여 [**전송**]합니다. 이 예시에서는 영정사진을 만드는 내용으로 명령어를 작성했습니다.

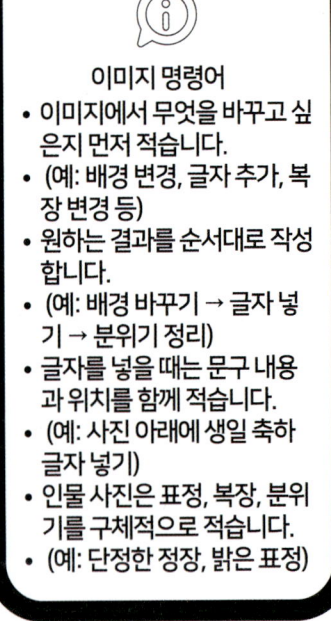

이미지 명령어
- 이미지에서 무엇을 바꾸고 싶은지 먼저 적습니다.
- (예: 배경 변경, 글자 추가, 복장 변경 등)
- 원하는 결과를 순서대로 작성합니다.
- (예: 배경 바꾸기 → 글자 넣기 → 분위기 정리)
- 글자를 넣을 때는 문구 내용과 위치를 함께 적습니다.
- (예: 사진 아래에 생일 축하 글자 넣기)
- 인물 사진은 표정, 복장, 분위기를 구체적으로 적습니다.
- (예: 단정한 정장, 밝은 표정)

1 입력한 명령어를 바탕으로 ChatGPT가 단정한 복장의 영정사진을 생성합니다. **2** 완성된 사진을 터치한 후 화면 상단의 [**저장**]을 선택하여 스마트폰에 저장하거나 공유할 수 있습니다.

● 이미지 복원 예시

1 ChatGPT 앱에 접속한 후 화면 하단 왼쪽에 [**더하기(+)**]를 터치하고 **2** [**이미지 만들기**]를 터치합니다.
3 화면 왼쪽에 [**더하기(+)**]를 터치합니다.

1 메뉴에서 [**사진**]을 선택하면 앨범이 열립니다. **2** ① 앨범의 사진 목록 화면에서 복원할 [**사진**]을 선택한
후 ② 화면 오른쪽 하단의 [**완료**]를 터치합니다. **3** 사진이 첨부된 상태에서 ① 입력창에 [**명령어(prompt)**]
를 작성하고 ② 오른쪽 [**화살표**]를 터치하여 [**전송**]합니다. 이 예시에서는 오래된 사진을 복원하기 위한 내
용으로 명령어를 작성했습니다.

66

1️⃣ 입력한 명령어에 따라 흑백 사진의 화질이 먼저 개선된 결과를 확인한 후 ① 컬러사진 요청의 [추가 명령어]를 입력하고 ② 오른쪽의 [화살표]를 터치하여 전송합니다. 2️⃣ 완성된 사진을 터치한 후 화면 상단의 [저장]을 선택하여 스마트폰에 저장하거나 공유할 수 있습니다.

●상황별 글 작성 및 조언받기 예시 ❶

1️⃣ ChatGPT 앱에 접속한 후 화면 하단 왼쪽에 [더하기(+)]를 터치하고 2️⃣ [사진]을 터치합니다. 3️⃣ ① 앨범의 사진 목록 화면에서 첨부할 [사진]을 선택한 후 ② 화면 오른쪽 하단 [완료]를 터치합니다.

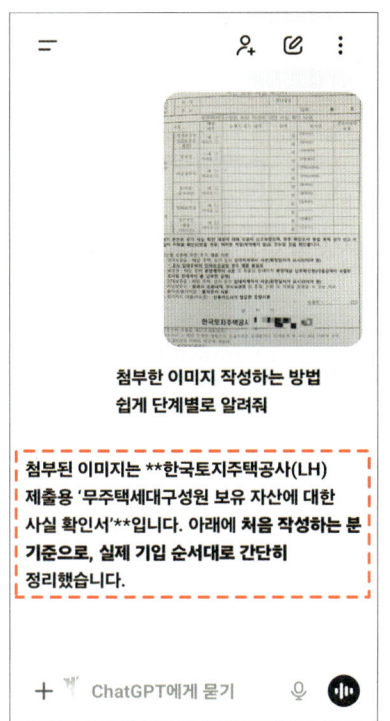
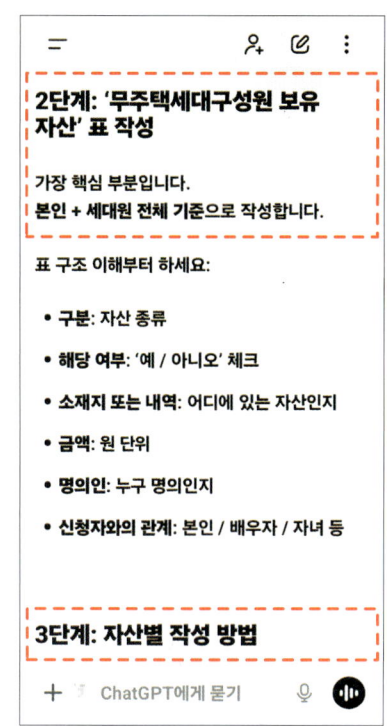

1 ① 사진이 첨부된 상태에서 입력창에 **[명령어(prompt)]**를 작성하고 ② 오른쪽 **[화살표]**를 터치하여 전송합니다. 이 예시에서는 복잡한 서류 작성법을 작성했습니다. **2** ChatGPT는 사진 내용을 단계별로 정리해 주어 서류 작성을 쉽게 할 수 있도록 안내합니다.

● 상황별 글 작성 및 조언받기 예시 ❷

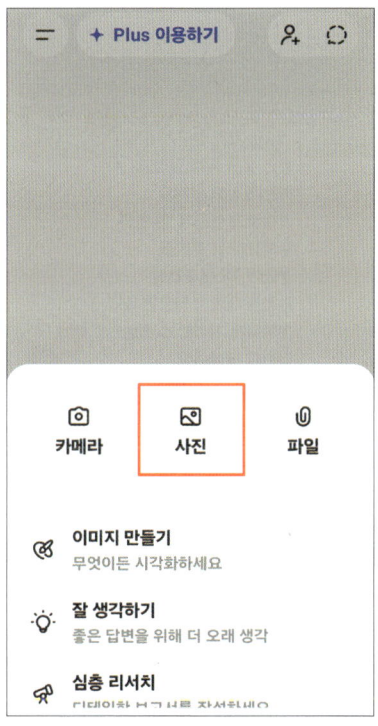

1 ChatGPT 앱에 접속한 후 화면 하단 왼쪽에 **[더하기(+)]**를 터치하고 **2** **[사진]**을 터치합니다. **3** ① 앨범의 사진 목록 화면에서 첨부할 **[사진]**을 선택한 후 ② 화면 오른쪽 하단 **[완료]**를 터치합니다.

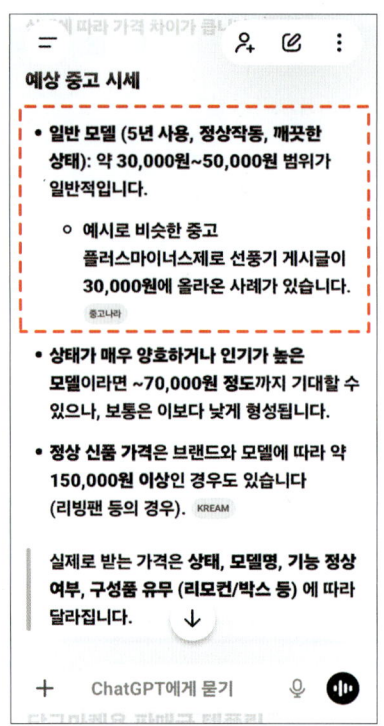

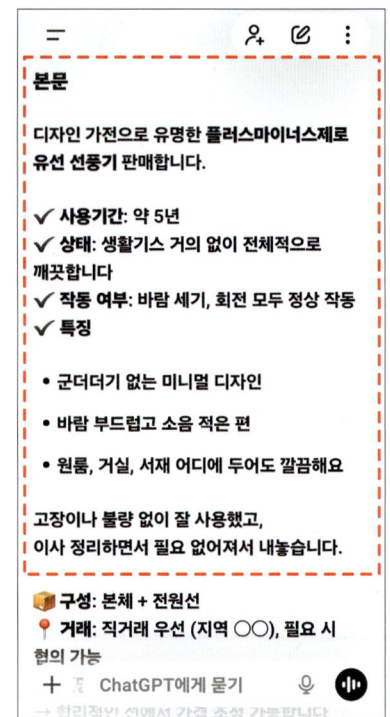

액티브 시니어를 위한 AI 리터러시

1 ① 사진이 첨부된 상태에서 입력창에 [**명령어(prompt)**]를 작성하고 ② 오른쪽 [**화살표**]를 터치하여 전송합니다. 이 예시에서는 중고 거래를 하기 전 적정 가격과 판매 글 작성 방법을 함께 정리했습니다. ChatGPT는 사진 속 제품을 기준으로 예상 가격대와 구매 시 고려할 점을 정리하고 판매 글에 바로 쓸 수 있는 예시까지 안내합니다.

● **상황별 글 작성 및 조언받기 예시 ❸**

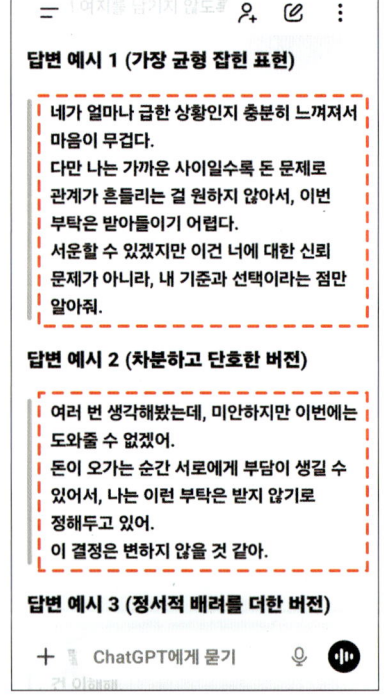

1 ChatGPT 앱에 접속한 후 화면 하단 [**입력창**]을 터치하여 **2** ① [**명령어(prompt)**]를 작성하고 ② 오른쪽 [**화살표**]를 터치하여 전송합니다. 이 예시에서는 곤란한 상황에 대한 적절한 답변 예시를 작성했습니다. 입력한 명령어를 바탕으로 ChatGPT가 여러 가지 답변 예시를 제시합니다.

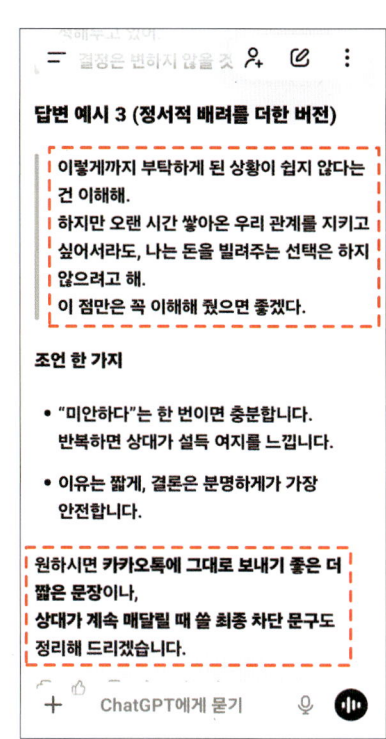

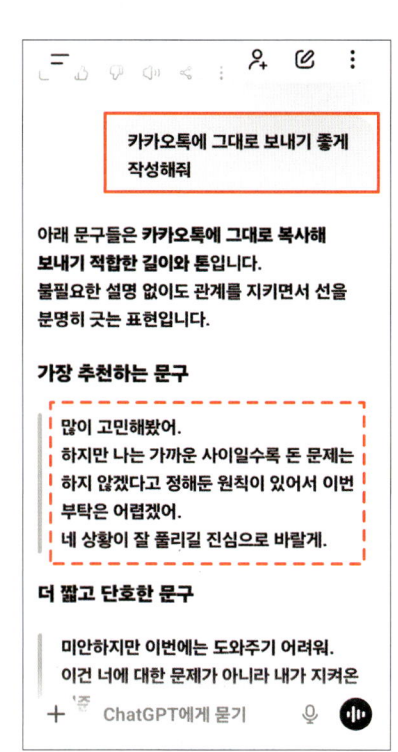

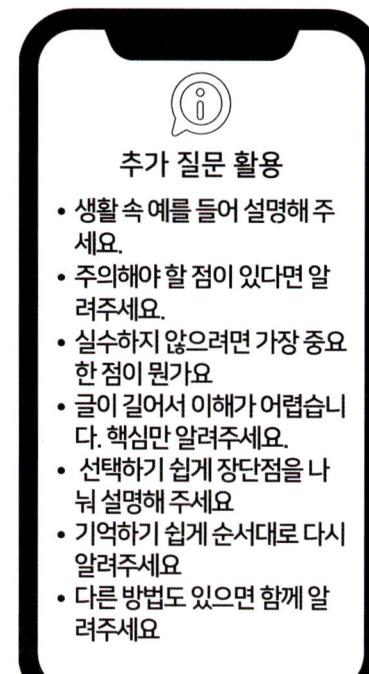

제시된 답변 예시 중에서 상황에 가장 잘 맞는 표현을 그대로 사용하거나 참고해 활용할 수 있습니다. 또한 필요에 따라 추가 질문을 이어서 하며, 사용 목적에 맞게 문장을 더 보완하거나 수정할 수 있습니다.

● 상황별 글 작성 및 조언받기 예시 ❹

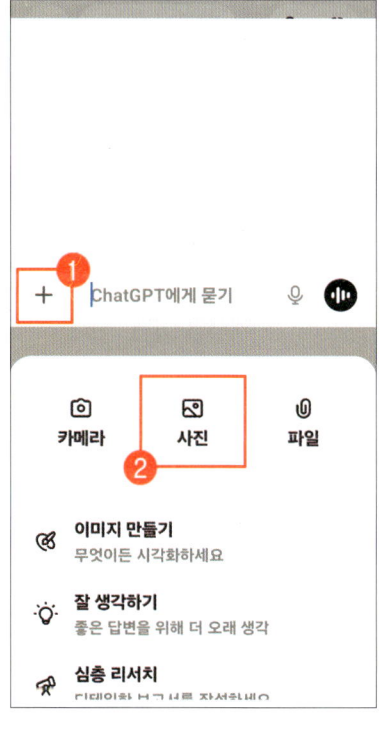

1 ChatGPT 앱에 접속한 후 ① 화면 하단 왼쪽에 [더하기(+)]를 터치하고 ② [사진]을 터치합니다.

2 ① 앨범의 사진 목록 화면에서 첨부할 [사진]을 선택한 후 ② 화면 오른쪽 하단 [완료]를 터치합니다.

3 ① 사진이 첨부된 상태에서 입력창에 [명령어(prompt)]를 작성하고 ② 오른쪽 [화살표]를 터치하여 전송합니다. 이 예시에서는 세입자와의 분쟁 상황에 대해 법적 판단과 대응 문구를 작성했습니다.

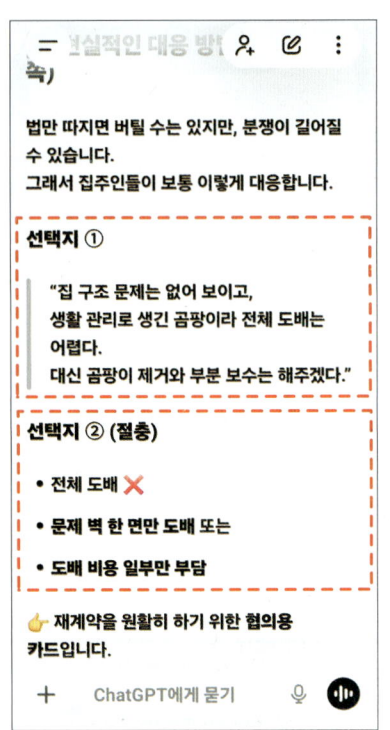

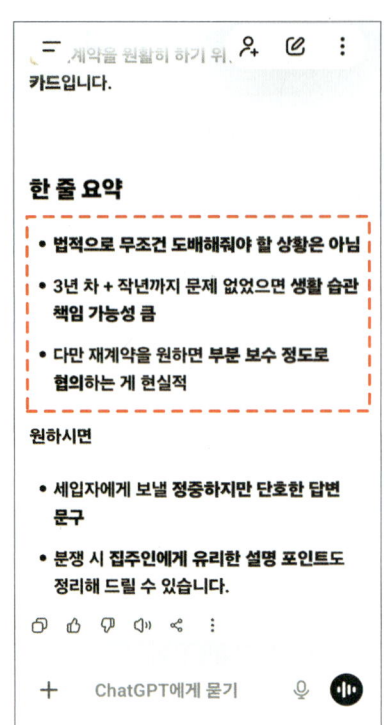

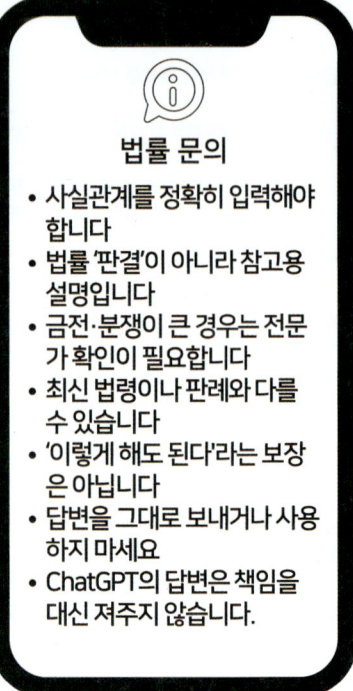

ChatGPT는 세입자와 분쟁 시 적절한 대응 문구와 기본 원칙을 함께 정리한 결과를 안내합니다.

생활 속 다양한 활용 ❶ 건강관리

1 ChatGPT 앱에 접속한 후 화면 하단 왼쪽에 [더하기(+)]를 터치하고 **2** [사진]을 터치합니다. **3** ① 앨범의 사진 목록 화면에서 첨부할 [사진]을 선택한 후 ② 화면 오른쪽 하단 [완료]를 터치합니다.

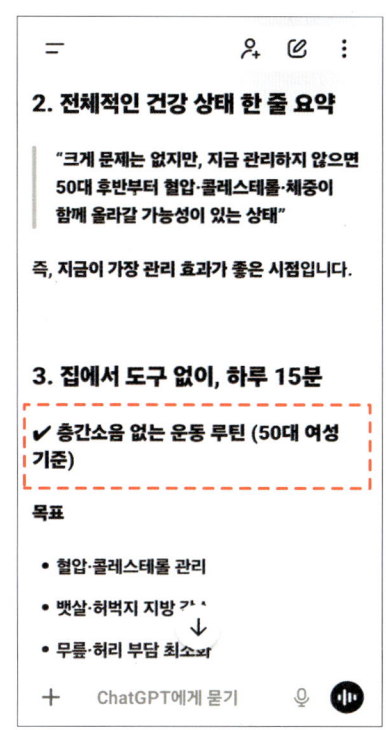

1 ① 사진이 첨부된 상태에서 입력창에 [**명령어(prompt)**]를 작성하고 ② 오른쪽 [**화살표**]를 터치하여 전송합니다. **2** ChatGPT는 건강검진 결과를 항목별로 정리해 현재 상태를 쉽게 설명하고, 이를 바탕으로 혈압 관리와 집에서 실천할 수 있는 생활 관리 방법을 함께 안내합니다.

1 ① 이어서 입력창에 운동 방법을 한눈에 볼 수 있도록 그림으로 설명해 달라는 [**명령어(prompt)**]를 작성하고 ② 오른쪽 [**화살표**]를 터치하여 전송합니다. **2** ChatGPT는 입력한 명령어에 따라 운동 방법을 [**이미지**]로 생성합니다. **3** 완성된 이미지를 터치한 후 화면 상단의 [**저장**]을 선택하여 스마트폰에 저장하거나 공유할 수 있습니다.

생활 속 다양한 활용 ❷ **번역 및 분석**

1️⃣ ChatGPT 앱에 접속한 후 화면 하단 왼쪽에 [더하기(+)]를 터치하고

2️⃣ [사진]을 터치합니다.

3️⃣ ① 앨범의 사진 목록 화면에서 첨부할 [사진]을 선택한 후 ② 화면 오른쪽 하단 [완료]를 터치합니다.

  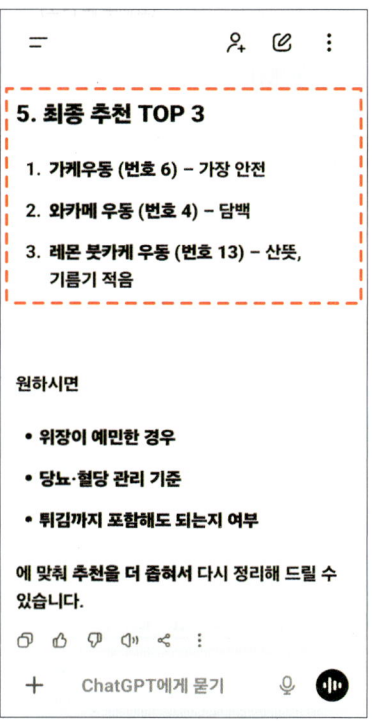

1️⃣ ① 사진이 첨부된 상태에서 입력창에 [명령어(prompt)]를 작성하고 ② 오른쪽 [화살표]를 터치하여 전송합니다. 2️⃣ ChatGPT는 입력한 명령어에 따라 주의가 필요한 음식과 먹기 좋은 메뉴를 함께 정리해 안내합니다. 안전한 선택 기준과 추천 메뉴를 한눈에 확인할 수 있습니다. 이 예시에서는 외국어 메뉴판을 번역하고, 건강 상태에 맞는 메뉴 분석 및 추천을 요청했습니다.

1 ChatGPT 앱에 접속한 후 화면 하단 왼쪽에 [**더하기(+)**]를 터치하고

2 [**사진**]을 터치합니다.

3 ① 앨범의 사진 목록 화면에서 첨부할 [**사진**]을 선택한 후 ② 화면 오른쪽 하단 [**완료**]를 터치합니다.

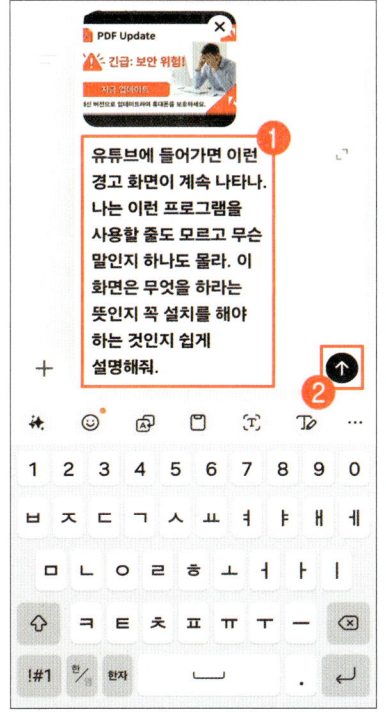
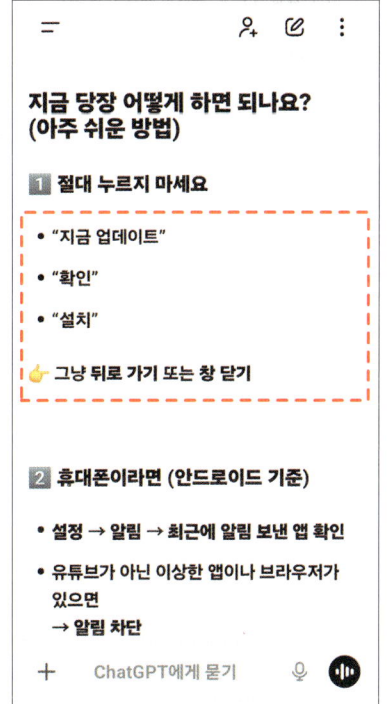
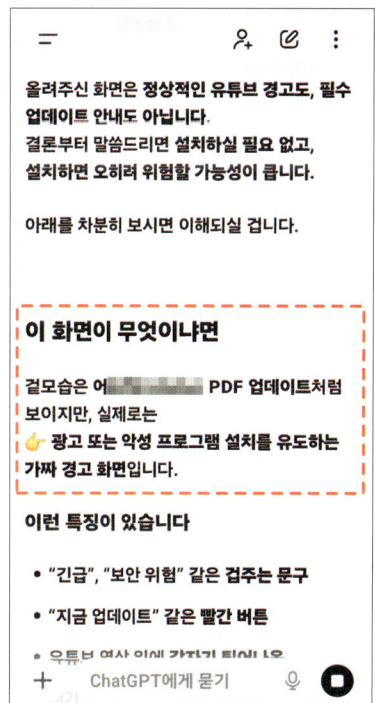

1 ① 사진이 첨부된 상태에서 입력창에 [**명령어(prompt)**]를 작성하고 ② 오른쪽 [**화살표**]를 터치하여 전송합니다. **2** ChatGPT는 입력한 명령어에 따라 경고 화면의 의미와 실제 위험 여부를 쉽게 설명하고, 설치나 업데이트를 하지 말아야 한다는 올바른 대응 방법을 안내합니다. 이 예시에서는 흔히 볼 수 있는 경고 화면이 무엇인지와 이에 안전하게 대응하는 방법을 문의했습니다.

다양한 활용으로 ChatGPT와 친해지기

1 헤어스타일 바꿔보기

새롭게 도전해 보고 싶은 스타일이나 분위기를 바꾸고 싶을 때, 원하는 헤어스타일 사진을 첨부하여 지금의 나와 다른 모습을 미리 상상해 볼 수 있습니다. 이를 통해 새로운 헤어스타일로 변화한 모습을 미리 확인해 보고, 나에게 잘 어울리는 스타일을 결정하는 데 도움받을 수 있습니다.

2 나의 퍼스널컬러 찾기

얼굴이 정면으로 잘 나온 사진을 첨부한 후, 나에게 가장 잘 어울리는 색을 확인합니다. 이를 통해 피부 톤과 분위기에 맞는 퍼스널 컬러를 추천받고, 잘 어울리는 의상 색상과 피하면 좋은 색상까지 함께 안내받을 수 있습니다.

3 나도 사진작가

사진 촬영 시 의도하지 않게 포함된 행인이나 불필요한 요소가 있을 때 제거를 요청하여 보다 정돈되고 완성도 높은 이미지를 만들 수 있습니다.

4 새로운 것에 도전해 보기

평소 해보지 않았던 취미나 활동이 궁금할 때 ChatGPT를 활용해 아이디어를 얻을 수 있습니다. 나이와 생활 환경을 고려한 추천을 받아 부담 없이 새로운 것에 도전할 수 있으며, 준비 방법과 주의할 점까지 함께 안내받을 수 있습니다. 이를 통해 일상에 작은 변화와 즐거움을 더할 수 있습니다.

5 세대를 잇는 따뜻한 표현

사진을 활용해 캐릭터 이미지를 생성하고 이를 메시지 카드로 활용하면, 가족이나 손주들과의 대화에 도움 받을 수 있습니다. 친근한 이미지와 표현을 통해 마음을 자연스럽게 전할 수 있으며, 말로 표현하기 어려운 감정도 부드럽게 전달할 수 있습니다. 이러한 활용은 세대 간의 거리감을 줄이고, 서로를 이해하는 데 긍정적인 역할을 합니다.

6 나의 전문 PT 선생님

개인의 체력과 건강 상태에 맞는 운동 방법을 안내받을 수 있습니다. 무리한 동작은 피하고, 집에서도 안전하게 따라 할 수 있는 간단한 운동을 단계별로 설명해 주어 부담 없이 시작할 수 있습니다. 또한 운동 시 주의할 점과 올바른 자세를 함께 알려 주어, 꾸준한 건강 관리에 도움받을 수 있습니다.

ChatGPT를 통해 운동 안내를 받을 때는 참고용 정보로 활용하는 것이 중요합니다.
특히 큰 부상 이력이나 심장 질환, 관절 질환, 만성 질병이 있는 경우에는 반드시 병원이나 전문 의료진과 먼저 상담해야 합니다.
운동 중 통증이나 불편함이 느껴질 때는 즉시 중단하고 무리하지 않는 것이 필요합니다.
ChatGPT의 운동 안내는 건강 관리를 돕는 보조 수단이며, 전문가의 진단이나 치료를 대신할 수는 없습니다.

7강 구글 제미나이

개요 및 특징

구글의 차세대 AI 기술이 집약된 **제미나이(Gemini)**는 사용자의 복잡한 문제를 해결하고 창의적인 아이디어를 실현하도록 돕는 **지능형 AI 생각 파트너**입니다.

단순히 질문에 답하는 수준을 넘어, 텍스트, 이미지, 음성, 영상을 동시에 이해하고 처리하는 **멀티모달**(Multimodal) 능력을 갖춘 것이 가장 큰 특징입니다.

제미나이 설정하기

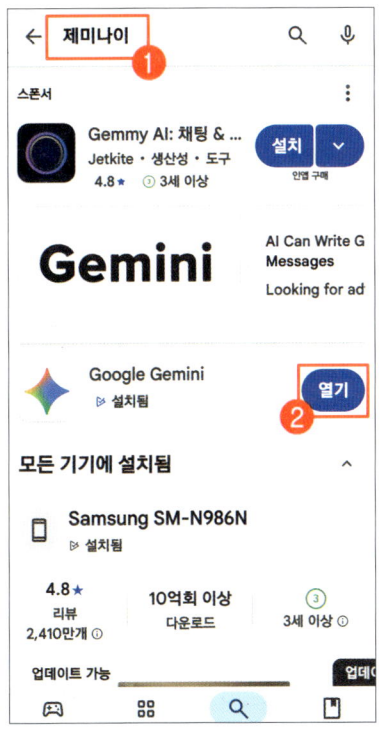

1 구글 플레이스토어에서 ① [제미나이]를 검색하여 설치 후 ② [열기]를 터치합니다.

2 [Gemini 사용하기]를 터치합니다.

3 사용자 계정 아이콘을 터치합니다.

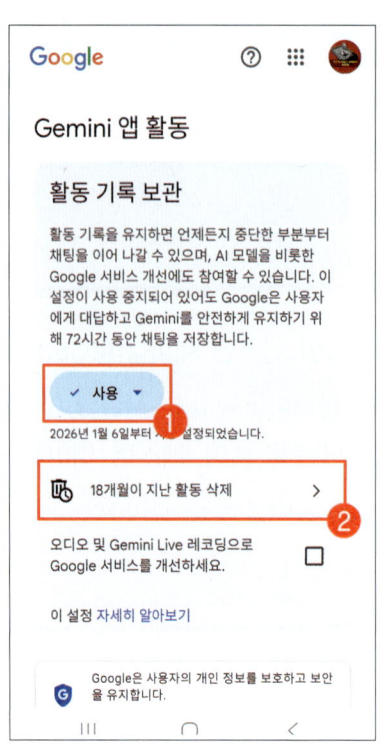

1 [Gemini 앱 활동]을 터치합니다. **2** ① [사용 중지]를 터치하여 [사용]으로 변경하면, Gemini와의 대화 기록이나 활동 기록이 저장되지 않습니다. ② Gemini [활동 기록의 자동 삭제 기간]도 변경할 수 있습니다.

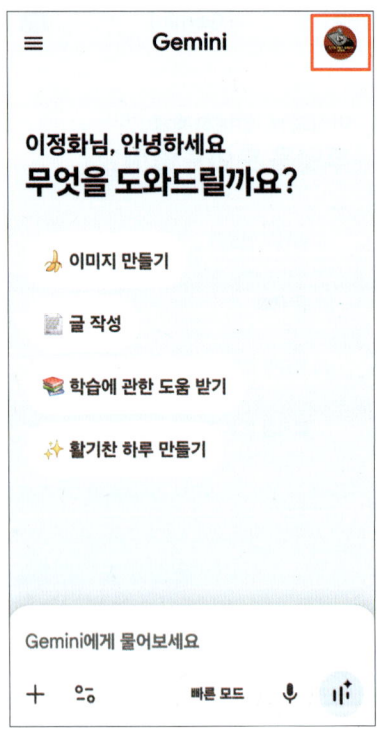

1 사용자 계정 아이콘을 터치합니다.

2 [연결된 앱]을 터치하면, 다양한 구글 서비스와 연동을 설정할 수 있습니다.

3 삼성노트, 삼성 리마인더, 삼성 캘린더, 메시지, 전화, Gmail, 구글 갤린더, 구글 지도, 구글 항공편, 구글 호텔 등 원하는 [구글 서비스]를 활성화하면, Gemini가 개인화된 응답을 제공합니다.

 **제미나이에 텍스트로 질문하기**

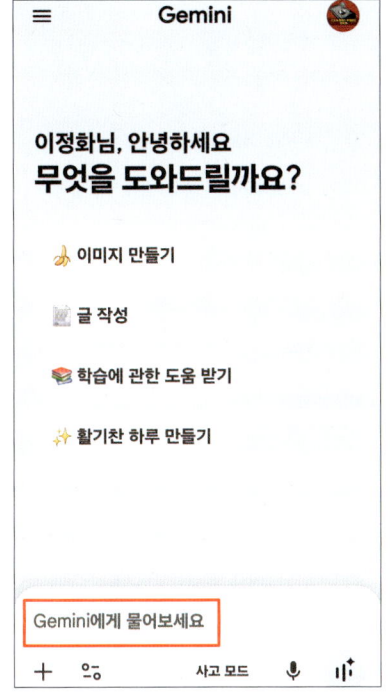

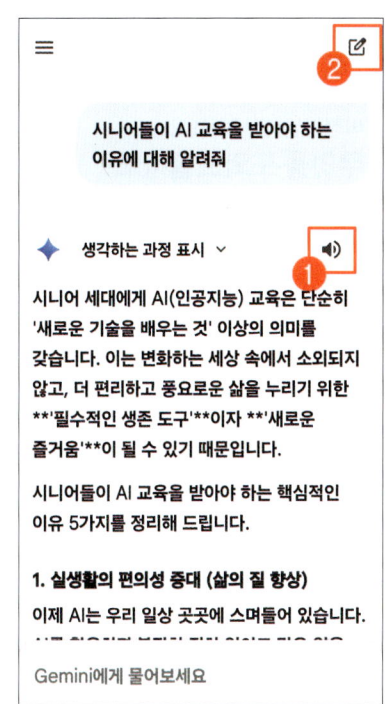

1 제미나이 첫 화면입니다. [Gemini에게 물어보세요] 창을 터치하여 질문합니다. **2** ① 질문을 입력 후 ② 실행 아이콘을 터치하여 진행합니다. **3** 질문에 관한 결과를 보여줍니다. ① 결과를 음성으로 들을 수 있습니다. ② 새로운 질문을 하려면 연필 아이콘을 터치하여 새로운 창에 질문할 수 있습니다.

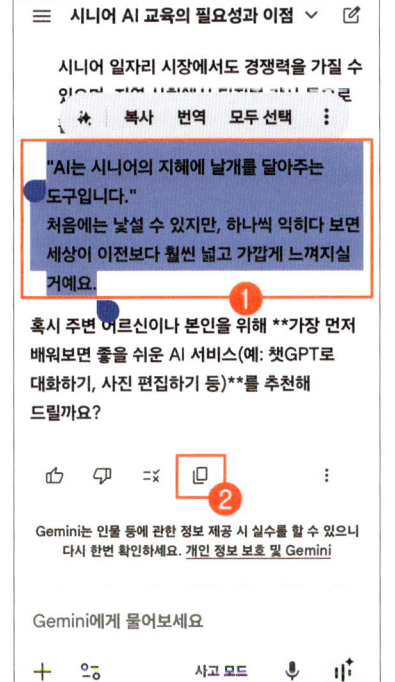
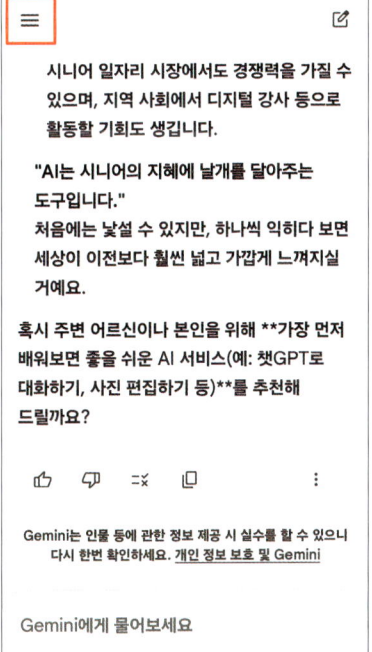
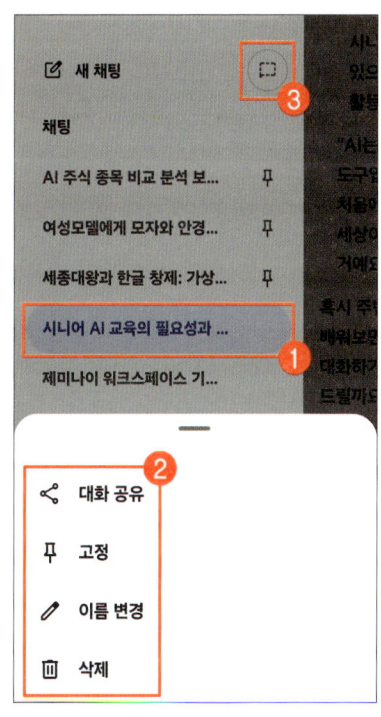

1 ① 결과 내용 중 일부만 공유하고 싶다면 공유하고 싶은 내용만 길게 터치하고 드래그하여 복사해서 공유할 수 있습니다. ② 결과 내용 전부를 공유할 수 있습니다. **2** 화면 왼쪽 위 [삼선]을 터치합니다. **3** ① 제미나이와 나눈 대화를 확인할 수 있습니다. ② 대화 목록을 길게 터치하면 대화 공유, 고정, 이름 변경, 삭제할 수 있습니다. ③ 제미나이에 대화 내용을 남기고 싶지 않다면 [임시 채팅]을 터치하여 질문합니다.

제미나이에 음성으로 질문하기

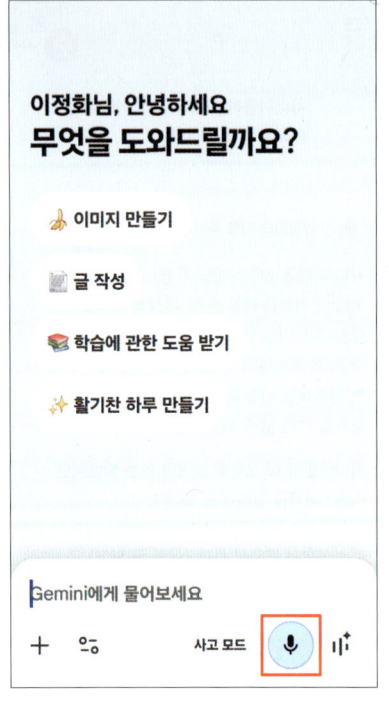

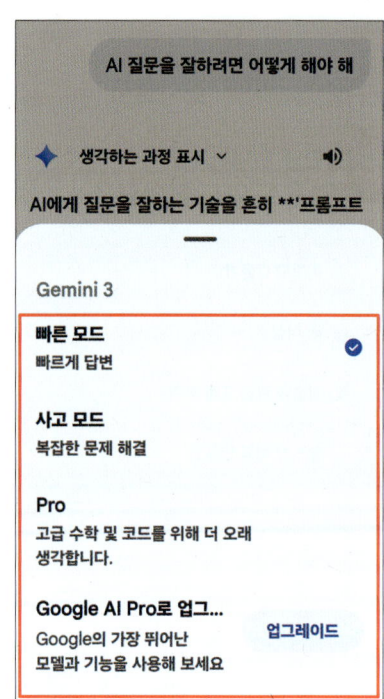

1 이번에는 [**마이크**] 아이콘을 터치하여 음성으로 질문합니다. **2** ① [**AI에게 질문을 잘하려면 어떻게 해야 해**]라고 질문했습니다. 실행 버튼 터치 없이 바로 답이 나오며 답을 음성으로 들려줍니다. ② 빠른 모드 또는 사고 모드를 터치합니다. **3** 질문 형태에 따라 모드를 달리할 수 있습니다.

 ## 제미나이에 실시간 음성으로 바로 질문하기

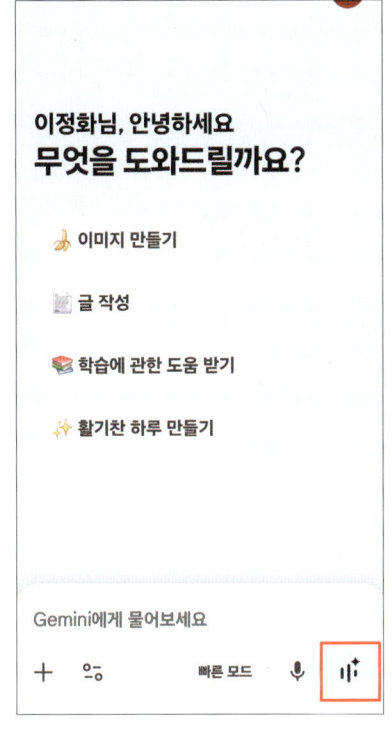

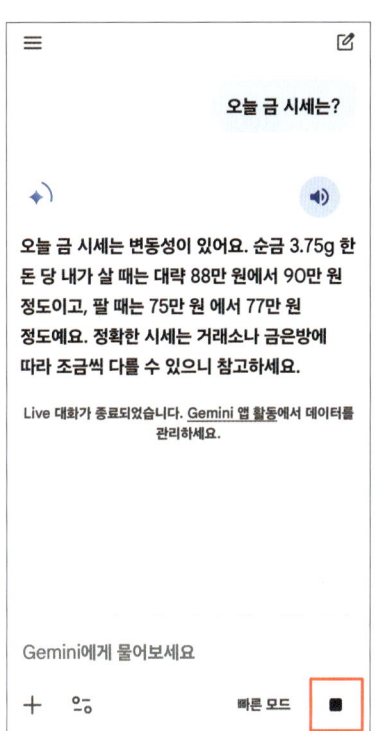

1️⃣ 실시간 음성 버튼은 전화기처럼 바로 말하고 바로 대답을 듣는 형식으로 **[음성 버튼]**을 터치하고 바로 질문을 합니다. 2️⃣ 그러면 바로 음성으로 답을 들려줍니다. 3️⃣ **[X]** 버튼 터치 시 음성으로 대화한 내용을 글로 확인할 수 있으며 정지 버튼을 터치하여 종료합니다.

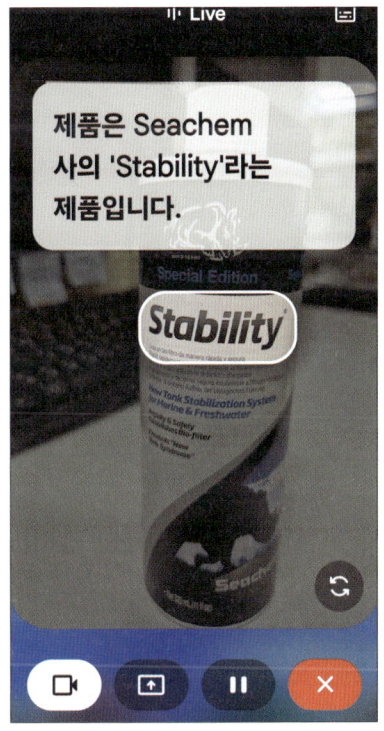

1️⃣ 실시간 영상 버튼을 터치합니다.

2️⃣ 궁금한 물체 또는 서류를 영상 화면에 비추고 실시간으로 질문하고 답을 얻을 수 있습니다.

3️⃣ 다음 화면 공유 버튼을 터치합니다.

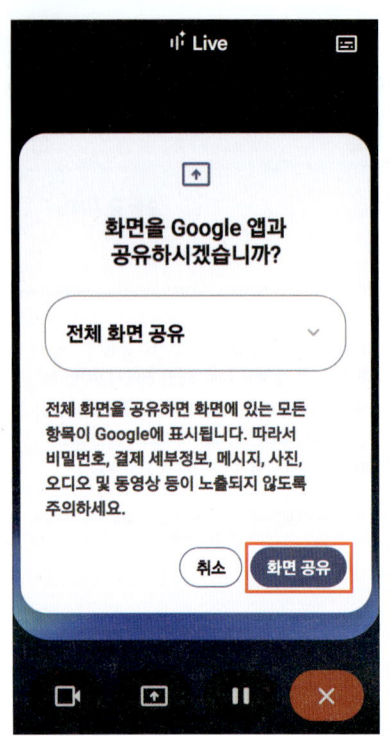

1 화면 공유 버튼은 사용자 스마트폰 안에 있는 자료를 열어 제미나이와 공유하면서 질문하는 방법입니다. **[화면 공유]** 버튼을 터치합니다. **2** 스마트폰 상단에 **[듣는 중]**이라고 활성화되면 질문에 필요한 화면을 찾아 보여준 후 궁금한 사항을 질문합니다. **3** 질문이 끝나면 듣는 중이라는 아이콘이 있는 상태 알림줄을 아래로 드래그하여 **[X]**버튼을 눌러 듣기모드를 종료합니다.

 제미나이 응용편

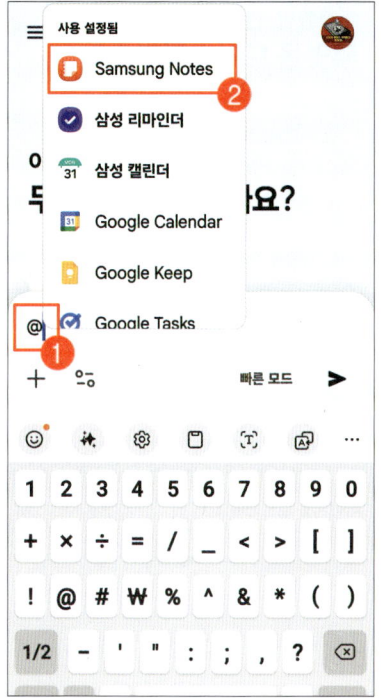
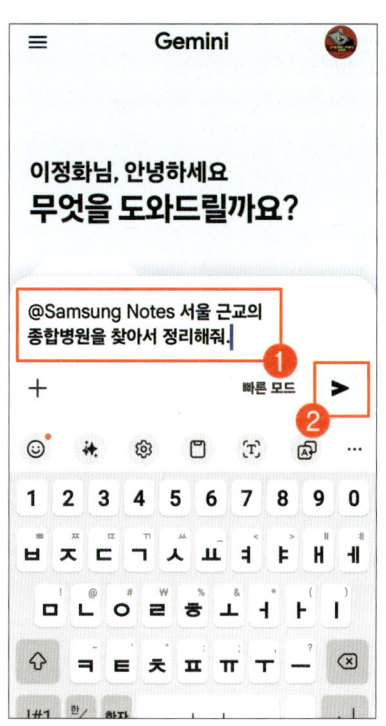
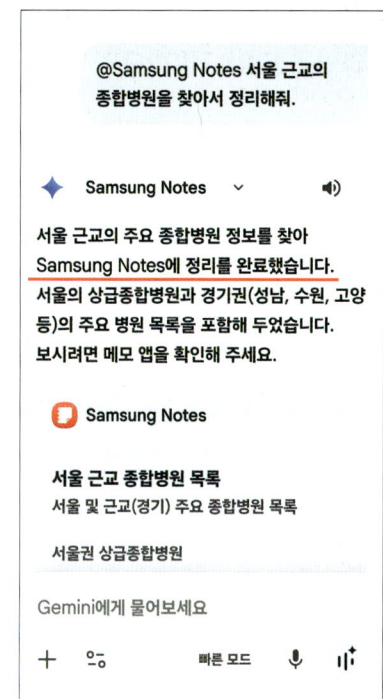

1️⃣ ① 텍스트 질문 창에 [@]를 입력하면 구글에서 지원하는 서비스 목록이 보입니다. ② [삼성 노트]를 선택합니다.

2️⃣ ① 질문의 답을 삼성 노트에 정리해 달라고 입력합니다. ② 실행 버튼을 터치하여 명령합니다.

3️⃣ "정보를 삼성 노트에 정리를 완료했습니다."라는 문구가 나오면, 삼성 노트 앱에서 내용을 확인할 수 있습니다.

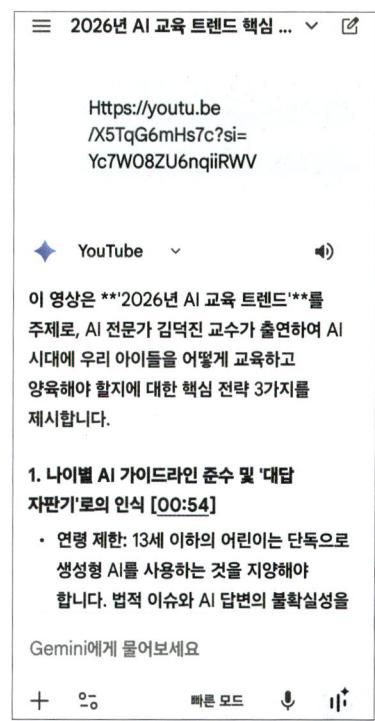

1️⃣ 유튜브 앱에서 좋아하는 영상을 텍스트로 요약해서 볼 수 있습니다. ① 유튜브 영상 하단에 공유 아이콘을 터치합니다. ② 링크 복사를 터치하여 복사 후 2️⃣ ① 제미나이 질문 창에 붙여넣기 합니다. ② 실행 아이콘을 터치합니다. 3️⃣ 영상 내용을 요약해서 보여줍니다.

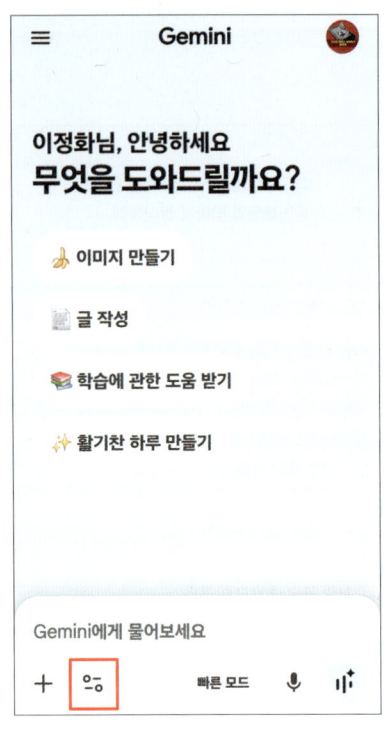
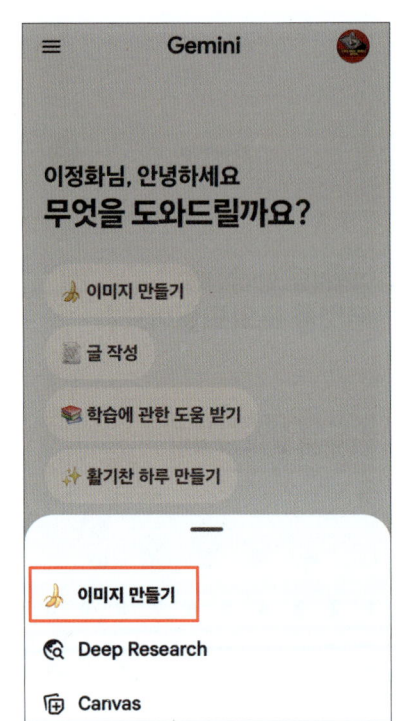
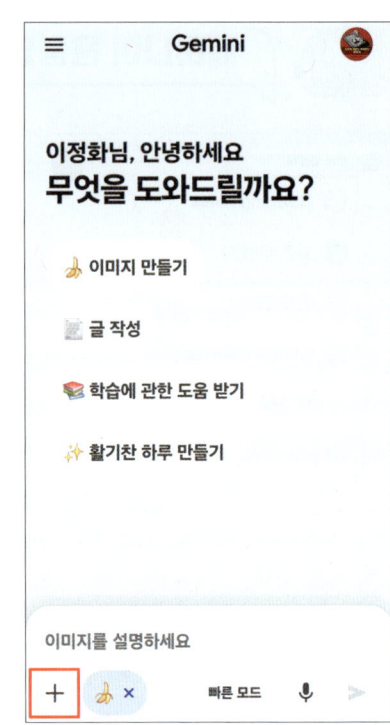

1️⃣ 제미나이 첫 화면에서 도구 아이콘을 터치합니다. 나노 바나나를 활용하여 이미지를 수정, 편집할 수 있습니다.

2️⃣ [이미지 만들기]를 터치합니다.

3️⃣ [+]를 터치합니다.

1️⃣ [갤러리]를 터치합니다.

2️⃣ ① 사용자 갤러리에서 개인 사진을 터치합니다. ② [완료]를 터치합니다

3️⃣ ① [여성 모델의 옷을 한복으로 바꿔줘] 라고 입력합니다. ② 실행 아이콘을 터치합니다.

1 일반 의상을 한복으로 바꿔준 화면입니다.

2 ① 다시 [**사진 뒷배경을 한복에 어울리는 경복궁으로 바꿔줘**] 라고 입력 후 ② 실행 아이콘을 터치합니다.

3 뒷배경까지 바꿔준 화면입니다.

 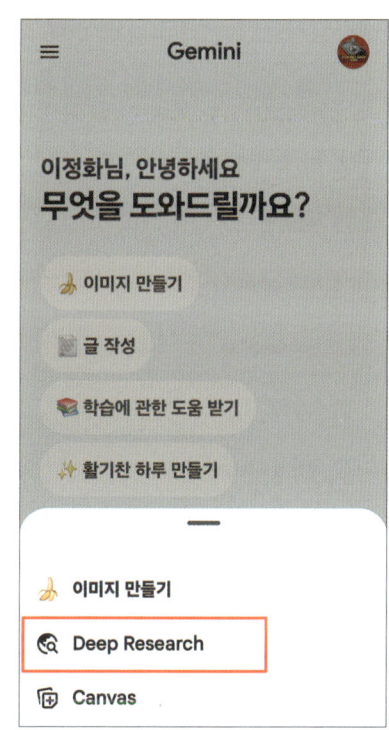 

1 이번에는 질문의 깊이 있는 답을 원할 때 활용합니다. 도구 아이콘을 터치합니다.

2 [**Deep Research**]를 터치합니다.

3 ① 질문을 입력한 후 ② 실행 아이콘을 터치합니다.

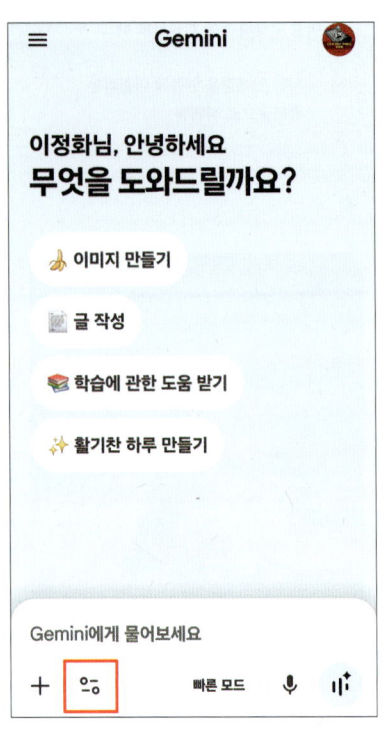
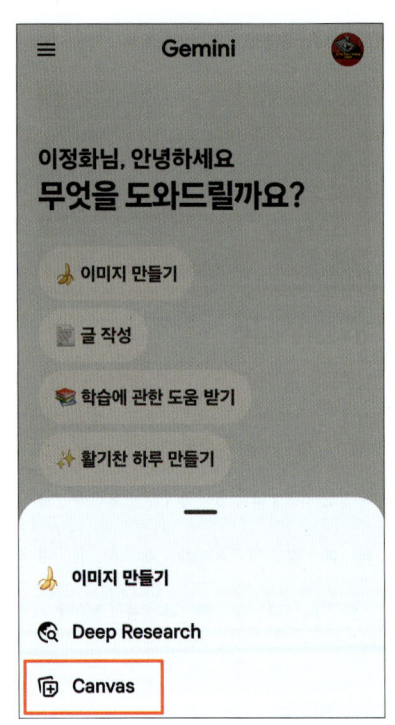
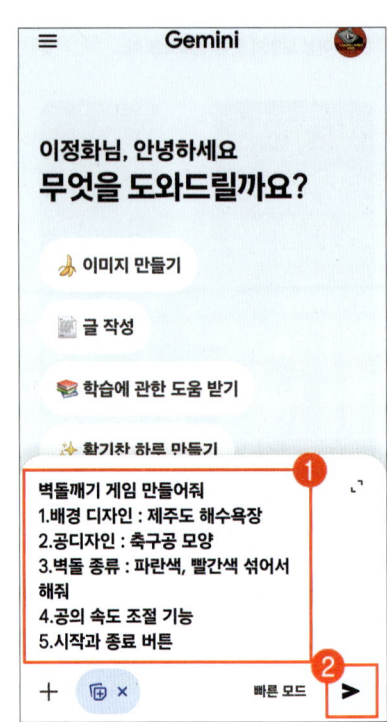

1 Canvas는 AI와 함께 콘텐츠를 만들고, 고치고, 완성하는 디지털 작업실입니다. 도구 아이콘을 터치합니다.

2 [Canvas]를 터치합니다. **3** ① 질문 입력 후 ② 실행 아이콘을 터치합니다. (원하는 결과가 안 나오면 계속 수정하며 질문할 수 있습니다.)

 **제미나이 핸즈프리 설정하기**

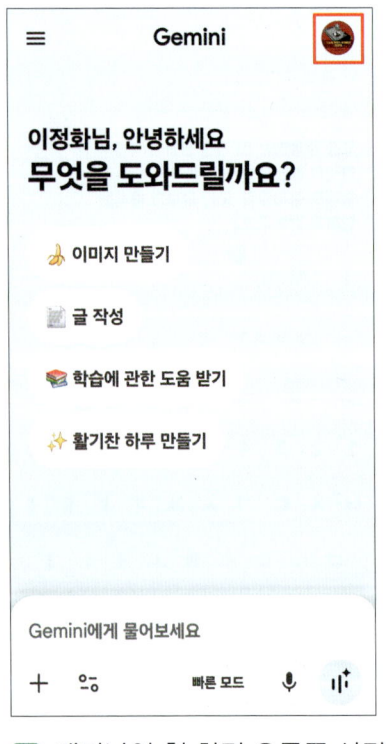

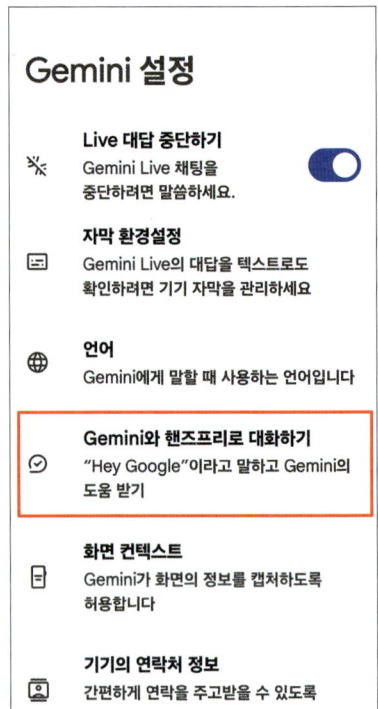

1 제미나이 첫 화면 오른쪽 상단에 사용자 [계정] 아이콘을 터치합니다.

2 [설정]을 터치합니다.

3 다음 화면에서 [Gemini와 핸즈프리로 대화하기]를 터치합니다.

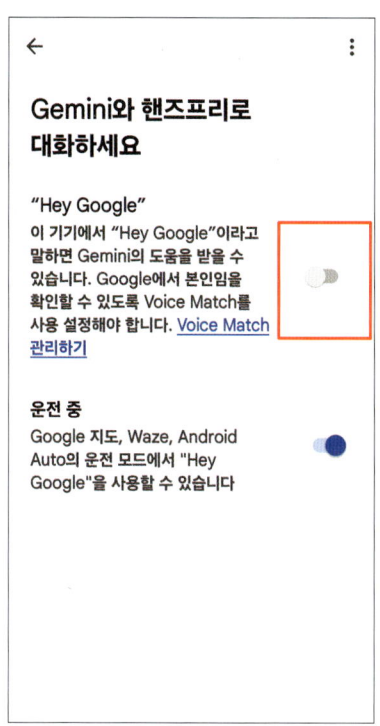

1 버튼을 활성화하여 구글에서 본인임을 확인할 수 있도록 설정합니다.

2 [사용 설정]을 터치합니다.

3 다음 화면에서 화면을 더 보기 위해 손으로 화면을 위로 드래그합니다.

1 화면을 위로 드래그하여 [동의]를 터치합니다.

2 제미나이에 목소리를 인식시키기 위해 화면에 보이는 대로 글을 읽는 과정을 4번 반복합니다.

3 [완료]를 터치하여 종료합니다.

제미나이 핸즈프리 활용하기

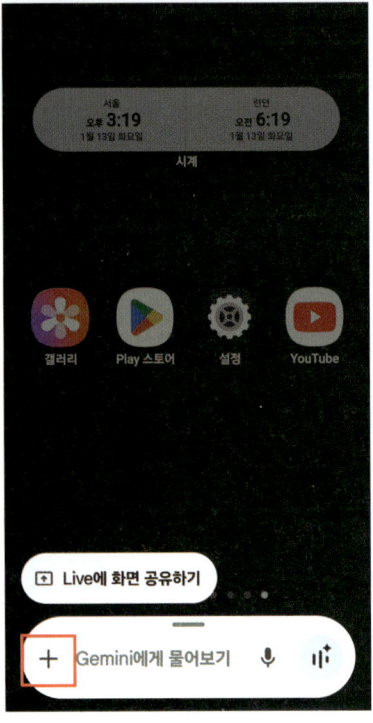

1 스마트폰을 그냥 켠채로 아무런 터치없이 음성으로만 [**오케이 구글**] 이라고 부르면 다음과 같은 화면이 나옵니다. 다음 질문을 하기 위해 [**+**] 아이콘을 터치합니다. **2** 다음 화면 하단에 메뉴 중 [**파일**]을 터치합니다.

3 이미지, 오디오, 동영상, 문서 등이 보입니다. 예시로 ① 오디오를 터치합니다. ② 요약할 통화 기록을 터치합니다.

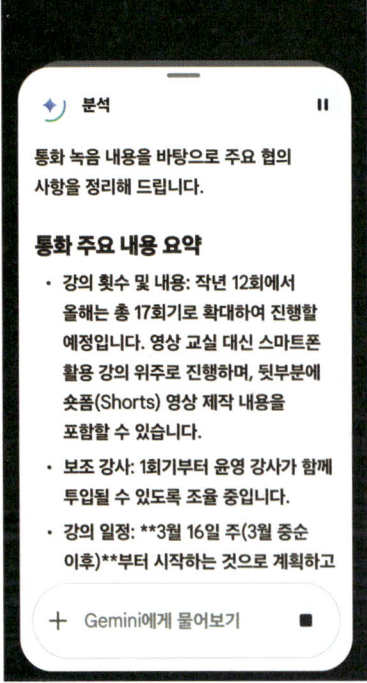

1 ① 음성 마이크 아이콘을 터치합니다. ② 음성으로 원하는 것을 명령합니다.

2 바로 통화했던 내용을 정리해서 보여줍니다.

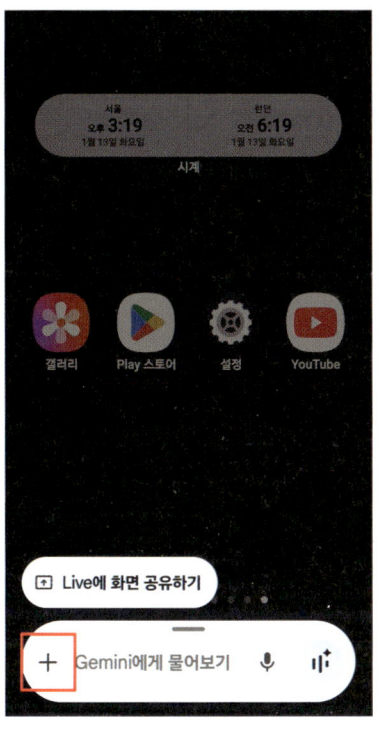 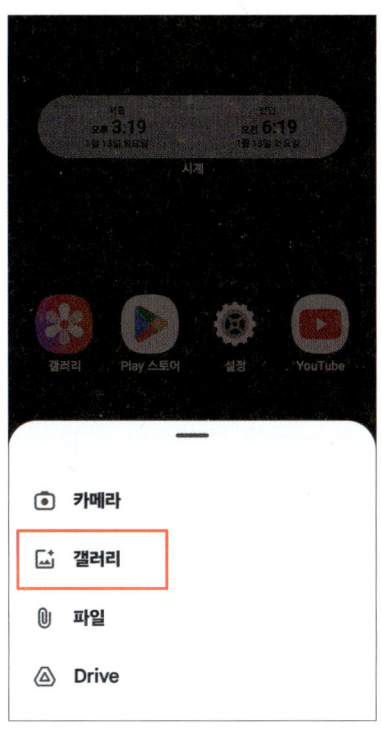 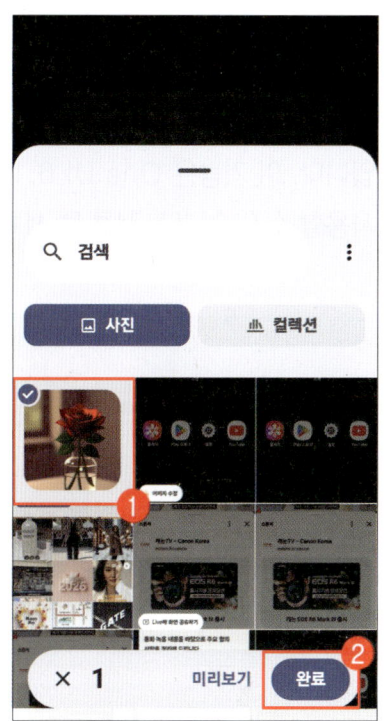

1 이번에도 음성으로 [오케이 구글]을 불러서 [+] 버튼을 터치합니다.

2 [갤러리]를 터치합니다.

3 ① 편집하고 싶은 사진을 선택합니다. ② [완료]를 터치합니다.

1 ① 음성 마이크 아이콘을 터치합니다. ② 음성으로 원하는 것을 명령합니다.

2 바로 편집된 사진을 확인할 수 있습니다.

 **서클 투 서치란?**

구글의 [**서클 투 서치**] 기능은 스마트폰 화면에 보이는 대상(이미지, 텍스트)을 직접 선택하여 검색하는 기능입니다. 이 기능은 One UI 6.1가 탑재된 갤럭시 S21~24, Z 플립3~6, Z 폴드3~6, 탭 S8~10 기종에서 사용할 수 있습니다. 서클 투 서치 사용을 위해 먼저 설정을 확인합니다.

서클 투 서치(Circle to Search)는 안드로이드 스마트폰에서 화면에 보이는 것을 그대로 검색하게 해주는 기능입니다. 화면을 보다가 궁금한 게 생기면, 앱을 나갈 필요가 없습니다. 홈 버튼을 길게 누른 뒤 손가락으로 동그라미만 치면 그게 바로 검색 재료가 됩니다.

말 그대로 **"보이는 걸 동그라미 쳐서 찾는 기술"**입니다. 글자를 입력하기 어려운 분들도 손가락으로 동그라미만 그리면 바로 검색할 수 있어 스마트폰을 더 편하게 사용할 수 있습니다.

 **서클 투 서치 활용하기**

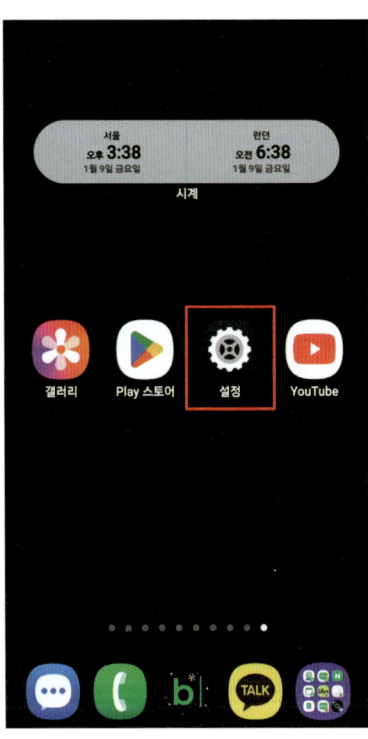

1 [설정] 앱을 터치합니다.

2 [디스플레이]를 터치합니다.

3 [내비게이션 바]를 터치합니다.

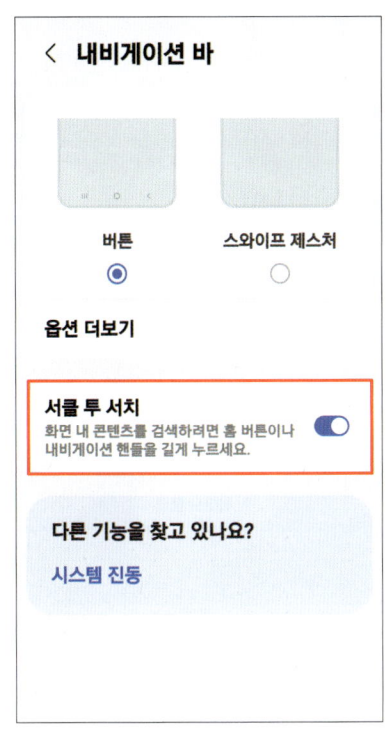  

1️⃣ [**서클 투 서치**]를 활성화합니다.

2️⃣ 스마트폰에서 쇼핑 중 화면에서 궁금한 부분을 서클 투 서치로 검색하기 위해 [**홈**] 버튼을 길게 터치합니다.

3️⃣ 화면이 활성화되면 검색하고 싶은 부분에 [**동그라미**]를 그립니다.

 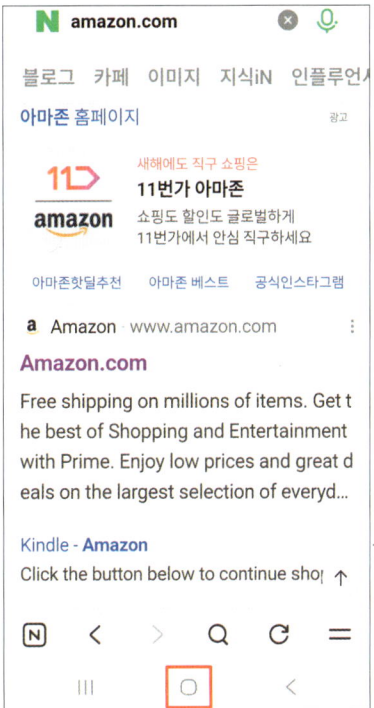 

1️⃣ ① 검색한 내용을 화면 하단을 위로 드래그하여 내용을 확인할 수 있습니다. ② 이미지를 다른 곳으로 공유하거나 제미나이에서 바로 편집을 요청할 수 있습니다. 2️⃣ 영어로 된 화면을 바로 번역하기 위해 [**홈**] 버튼을 길게 터치합니다. 3️⃣ 하단 메뉴 바에서 [**번역**] 아이콘을 터치합니다.

90

1 ① 영어로 된 화면이 한국어로 바로 번역됩니다. (감지언어 및 번역언어를 터치하여 다른 나라 언어로 변경 가능합니다) ② 손가락 아이콘을 터치하면 화면을 위로 드래그 하면서 번역된 모든 화면을 확인할 수 있습니다.

2 바코드가 포함된 이미지에서 [홈] 버튼을 길게 터치합니다.

3 화면에 [바코드 검색] 아이콘이 자동으로 나타나면, 해당 아이콘을 터치합니다.

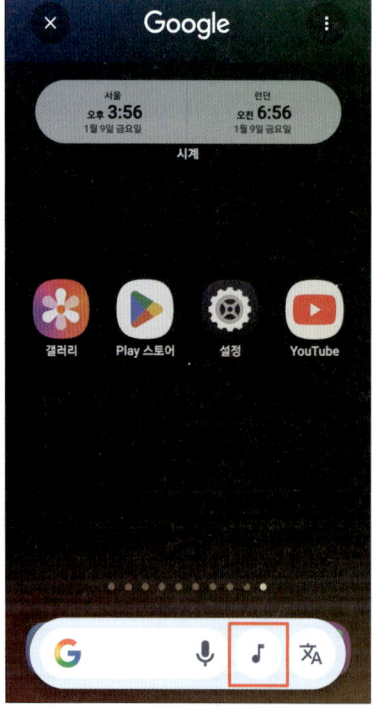

1 바코드를 검색해서 검색 결과를 보여줍니다. 검색 내용을 위로 드래그하여 더 많은 정보를 확인할 수 있습니다.

2 모르는 노래의 정보가 알고 싶다면 [음표] 아이콘을 터치합니다.

3 음악을 들려주면 음악의 검색 결과를 보여줍니다.

 **디지털 어시스턴트 활용하기**

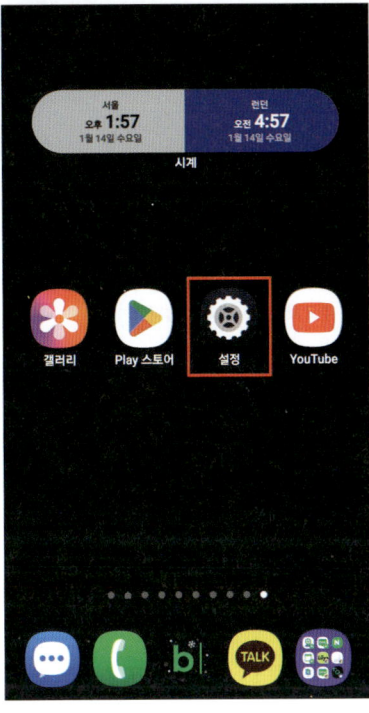

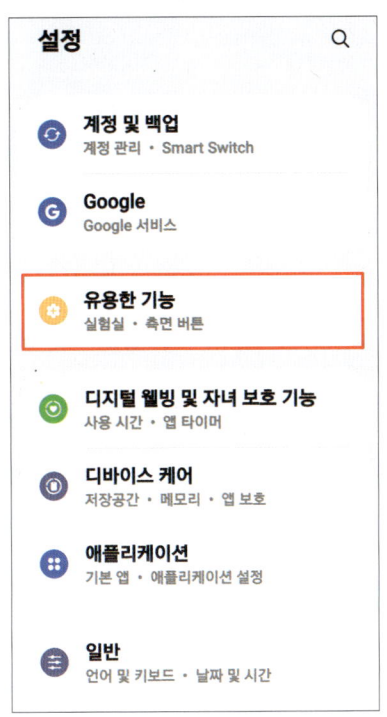

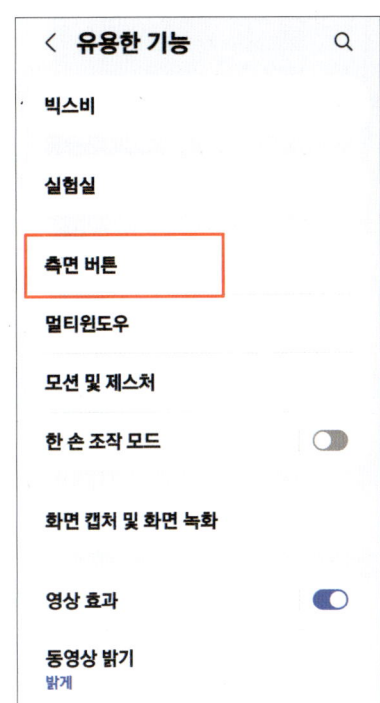

1 [설정] 앱을 터치합니다.

2 [유용한 기능]을 터치합니다.

3 [측면 버튼]을 터치합니다.

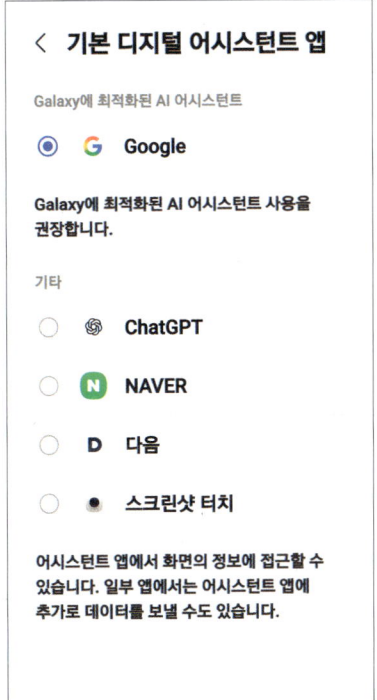

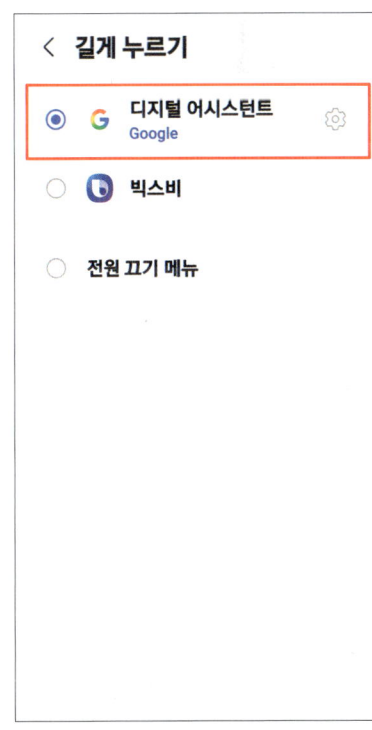

1 [길게 누르기]를 터치합니다.

2 기본으로 설정할 수 있는 앱이 보입니다.

3 [디지털 어시스턴트]를 선택합니다.

천천히, 차근차근 따라 하면 누구나 할 수 있어요!

 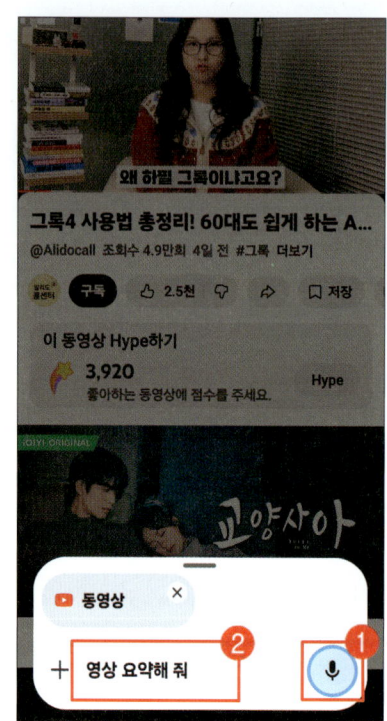 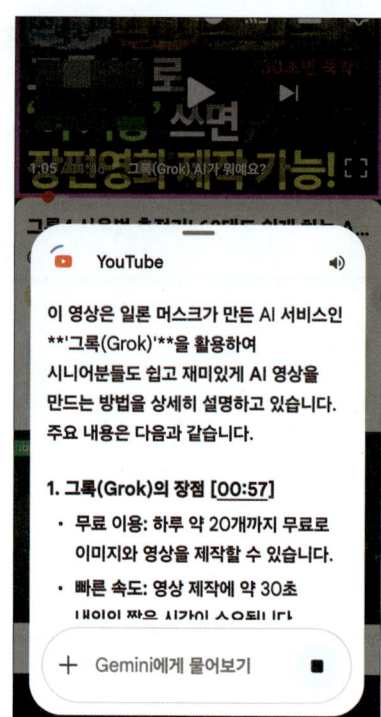

1️⃣ ① 유튜브에서 원하는 영상을 실행 시킨 후 ② 스마트폰 측면에 **[전원 버튼]**을 길게 누릅니다. ③ 하단에 어시스턴트가 활성화되면 **[동영상에 관해 물어보기]**를 터치합니다.

2️⃣ ① 마이크를 터치하여 ② **[영상 요약해줘]** 라고 명령합니다.

3️⃣ 영상을 요약해서 정리한 내용을 확인할 수 있습니다.

삼성 빅스비

Bixby 란?

삼성전자에서 생활을 보다 더 편리하게 할 수 있도록 도와주는 인공지능(AI) 기반의 개인비서 서비스입니다.

빅스비는 직접 말하거나, 문자를 입력해 사용자가 원하는 기능을 실행하거나 정보를 검색해서 보여주는 등 다양한 작업을 수행합니다.

또한, 사용자의 사용 습관과 환경을 학습하여 많이 사용할수록 사용자를 더욱 정확하게 이해할 수 있고, 삼성 가전제품을 스마트싱스 앱에 연결하여 빅스비를 통해서 손쉽고 편리하게 제어할 수 있습니다.

● 빅스비 실행을 위한 방법 ❶

1️⃣ 홈 화면에서 [설정]을 터치합니다.

2️⃣ 우측 상단 돋보기 모양의 [검색 아이콘]을 터치합니다.

3️⃣ [빅스비 설정]이라고 검색합니다.

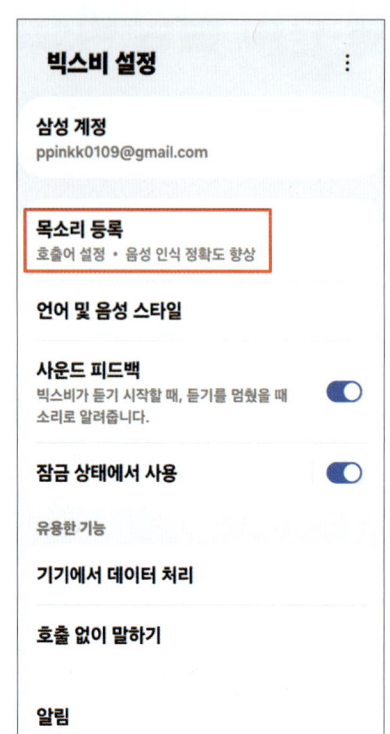

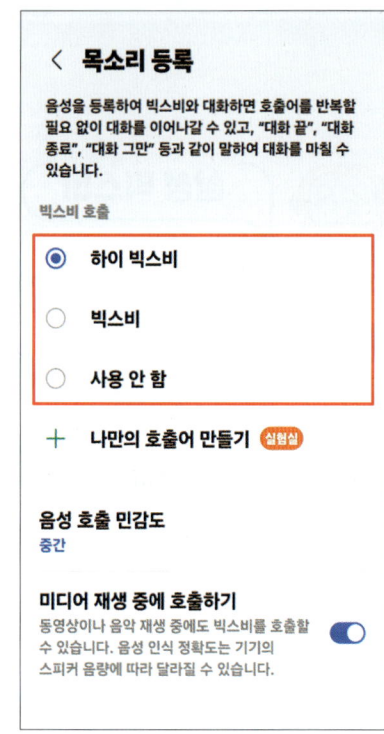

1 [빅스비 설정]을 터치합니다. **2** [목소리 등록]을 터치합니다.

3 빅스비 실행 시 [원하는 호출어]를 선택합니다. 호출어 사용을 원치 않을 시 사용 안 함을 선택할 수 있습니다.

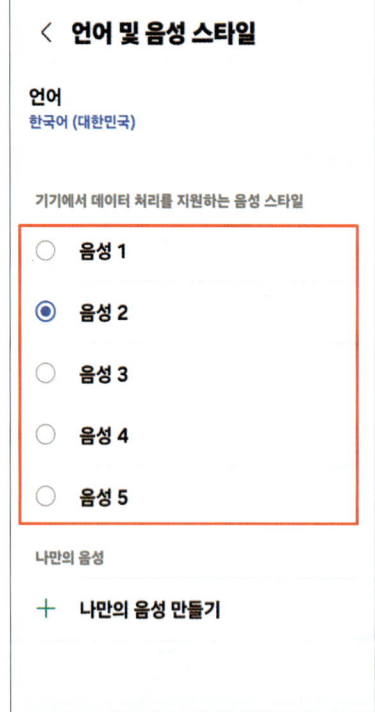

1 [언어 및 음성 스타일]을 터치합니다. **2** 취향에 맞는 음성을 선택합니다.

3 빅스비 설정 메뉴에서 ① [사운드 피드백]을 활성화하면 빅스비가 실행 중인지 멈춰있는지 소리로 알림을
받을 수 있습니다. ② [잠금 상태에서 사용]을 활성화하면 휴대폰 잠금 중에도 빅스비를 실행할 수 있습니다.

● 빅스비 실행을 위한 방법 ❷

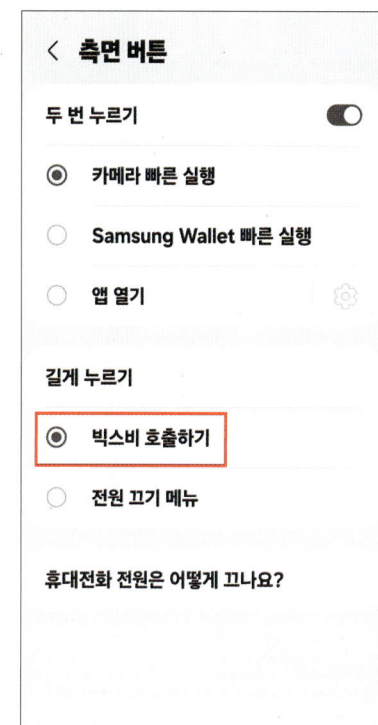

1 설정 화면에서 [**유용한 기능**]을 터치합니다. **2** [**측면 버튼**]을 터치합니다.

3 [**빅스비 호출하기**]를 선택합니다.

측면 버튼에서 빅스비 호출하기를 선택했을 시 음성 호출 없이 [**측면 버튼**] (손가락이 가리키는 지점)을 길게 눌러 빅스비를 실행시킬 수 있습니다.

천천히, 차근차근 따라 하면 누구나 할 수 있어요!

● 음성 호출을 통한 빅스비 활용 예시 ❶

 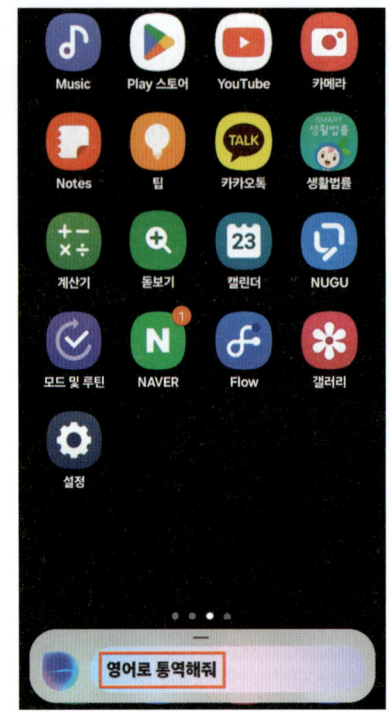 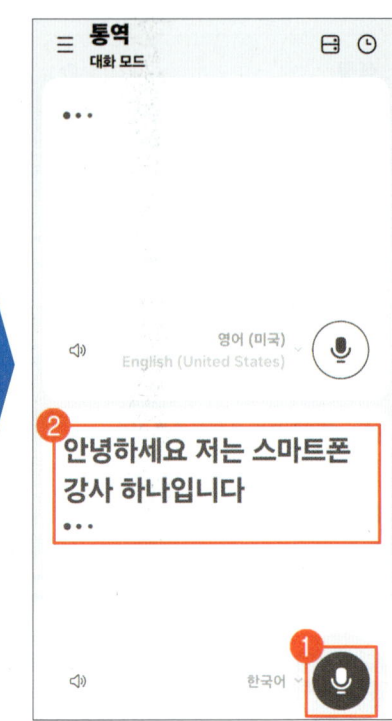

1 "하이 빅스비"라고 음성으로 빅스비를 실행한 뒤 [영어로 통역해 줘]라고 음성으로 명령합니다.

2 ① [마이크]를 터치해서 켜줍니다. ② [음성으로 통역할 내용]을 명령합니다.

3 명령어가 끝나면 음성과 텍스트로 통역이 되는 걸 확인 할 수 있습니다.

● 음성 호출을 통한 빅스비 활용 예시 ❷

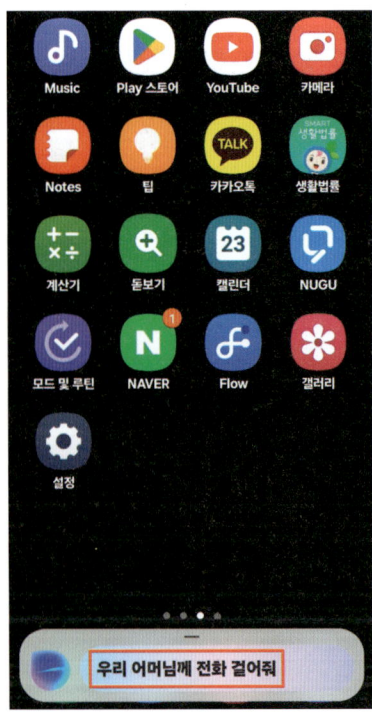  

"하이 빅스비"라고 음성으로 빅스비를 실행한 뒤 내 연락처에 저장된 이름으로 **1** [○○○에게 전화 걸어줘] 라고 음성으로 명령합니다. **2** "○○○ 연락처로 전화를 걸게요"라는 메시지를 확인 할 수 있습니다.

(취소를 원할 시 취소를 터치하시면 전화 발신은 중단됨.) **3** 원하는 대상과 전화가 연결되었습니다.

● 음성 호출을 통한 빅스비 활용 예시 ❸

  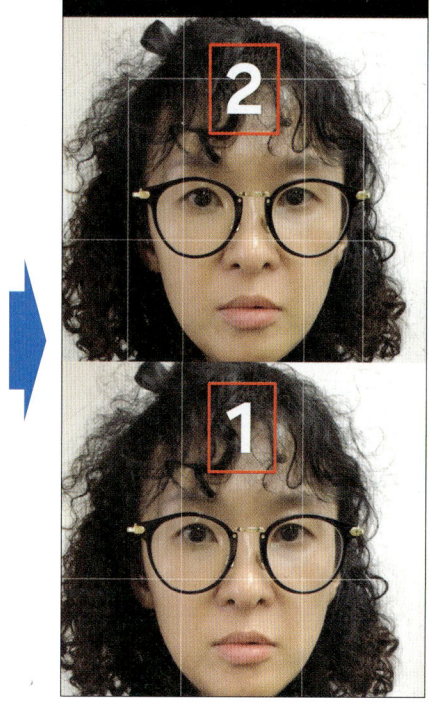

1️⃣ **"하이 빅스비"**라고 음성으로 빅스비를 실행한 뒤 **[셀카 찍어줘]**라고 음성으로 명령합니다.

2️⃣ 카메라 앱이 셀카모드로 실행됩니다. 3️⃣ 2초, 1초 숫자가 나온 뒤 찰칵 소리와 함께 사진 촬영이 되었음을 확인할 수 있습니다. 촬영된 사진은 갤러리에서 확인할 수 있습니다.

천천히, 차근차근 따라 하면 누구나 할 수 있어요!

● **측면 버튼을 통한 빅스비 활용 예시 ①**

 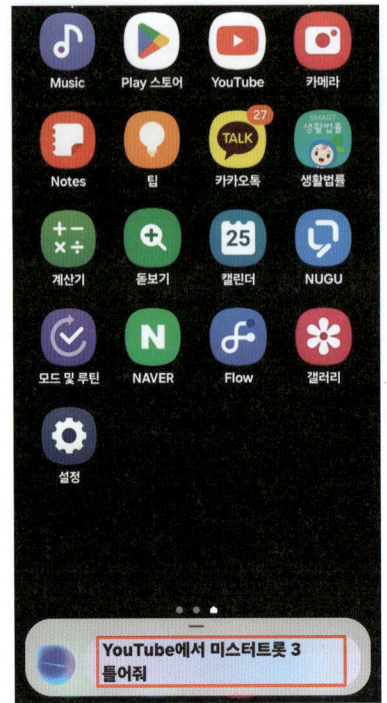 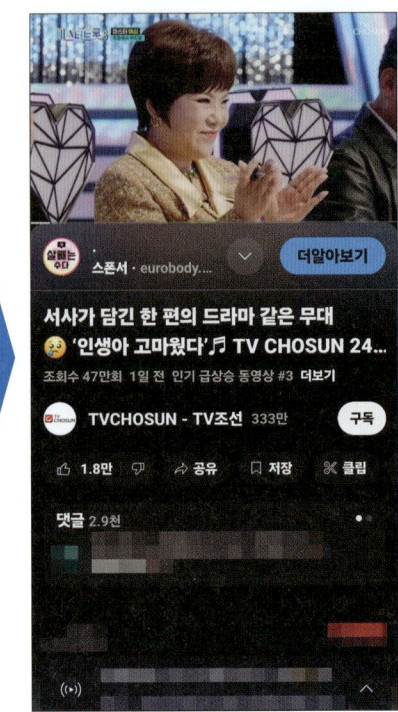

1 측면 버튼을 길게 눌러 빅스비를 실행한 뒤 **2** [**유튜브에서 ○○○○틀어줘**]라고 음성으로 명령합니다.

3 원하는 유튜브 영상이 재생되는 것을 확인 할 수 있습니다.

● **측면 버튼을 통한 빅스비 활용 예시 ②**

  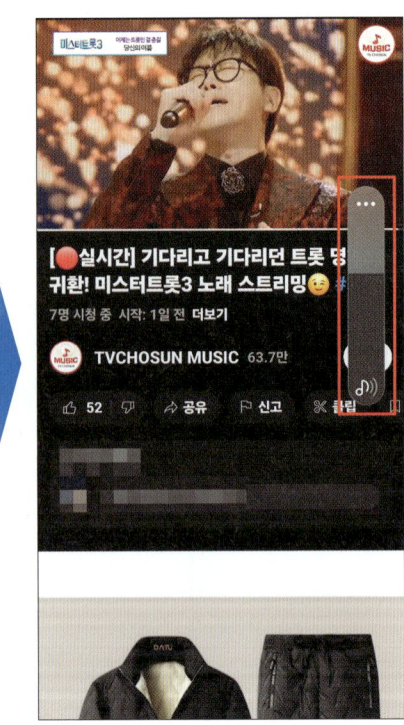

1 측면 버튼을 길게 눌러 빅스비를 실행한 뒤 **2** [**볼륨 올려줘**]라고 음성으로 명령합니다.

3 볼륨 창이 활성화 되면서 한 단계 커진 음량을 확인할 수 있습니다.

🅑 빅스비 명령어 예시

리마인더

○○○에게 9시에 전화하라고 알려줘.
○○○에게 약 챙겨 드시라고 알려줘.
○○○에게 문자 보내줘.
(내 연락처에 저장된 이름으로 말해야 함)
리마인드 모두 보여줘.
(리마인드한 내용을 한 번에 확인하고 싶은 경우)

시간

지금 몇 시야? / 지금 뉴욕 몇 시야?
5분 뒤 알람 해줘.
타이머 1분 설정해 줘.
내일 일출 시각 알려줘.
내일 울릉도 밀물 시각 알려줘.
지금부터 달걀 반숙하기 좋은 시간으로 알람 해줘.

질문

사과 칼로리 알려줘.
2024x1981은 뭐야?
현재 달러 환율 알려줘.
천만 원에 이십 퍼센트 얼마야?
사랑에 관련된 명언 5개 알려줘.
대치동에 오피스텔 시세 알려줘.
오늘 코스닥 주가는 어떻게 되?
스타벅스 아메리카노 가격은?
숙취 해소에 좋은 메뉴 추천해 줘.
후시딘 연고 사용법 알려줘.

게임

나 게임하고 싶어. 게임 실행시켜줘

전화기 찾기

내 전화기 어디 있어?
("네, 전화기를 찾아볼게요."
    안내 후 커다란 알림 소리가 울림)

전화 / 문자

○○○에게 전화 걸어줘.
○○○에게 내일 만나자고 문자 보내줘.
확인 안 한 문자 읽어줘.
지금 받은 문자 삭제해 줘.
(전화 / 문자 명령은 내 연락처에
 저장된 번호만 가능함)

실행

갤러리에서 어제 사진 가져와줘. / 또는
갤러리에서 ○○월 ○○일 사진 가져와줘.
○○○랑 통화 녹음한 거 들려줘.
(내 연락처에 저장된 이름을 말해야 함)
세탁기 남은 시간 알려줘. / 건조기 전원 꺼줘.
(스마트싱스가 지원되는 삼성 가전제품을
휴대폰에 등록 후 사용)

번역 / 통역

일본어로 안녕하세요. 알려줘.
영어로 통역해 줘 / 중국어로 통역해 줘.
(입력 언어로는 60개 언어 지원. 번역
결과로는 104개 언어를 지원함)

장소 / 지역

시청 근처에 산책하기 좋은 곳 알려줘.
아산병원 근처에 죽 전문점 알려줘.
잠실역에서 가까운 GS25 편의점 알려줘.

9강 갤럭시 AI 기능 활용하기

갤럭시 S20 이하 AI 기능 활용하기

1 개체 지우기

1 스마트폰 화면에서 [갤러리]를 터치합니다. **2** 갤러리에서 편집할 사진을 선택 후 하단 메뉴 두번째 [연필] 모양의 편집 아이콘을 터치합니다. **3** [점세 개] 아이콘을 터치합니다.

1 메뉴 창에서 [AI 지우개]를 터치합니다. **2** ① 지우고 싶은 개체를 터치하거나 개체를 따라 그려줍니다. ② [지우기]를 터치합니다. **3** 개체가 원하는 대로 잘 지워졌다면 [완료]를 터치합니다.

1 ① 완성된 사진을 저장하기 위해 우측 하단 [점세 개] 아이콘을 터치합니다.

2 원본 사진을 보호하기 위해 [다른 파일로 저장]을 터치합니다.

2 그림자 지우기

1 ① 갤러리에서 편집할 사진을 선택 후 하단 메뉴에서 [연필] 모양의 편집 아이콘을 터치합니다.

2 [점세 개] 아이콘을 터치합니다. 3 메뉴 창에서 [AI 지우개]를 터치합니다.

1 ① [**그림자 지우기**]를 터치합니다. 2 [**완료**]를 터치한 후 3 다른 파일로 저장합니다.

3 사진 배경분리

1 갤러리에서 편집할 사진을 선택 후 배경과 분리하고 싶은 개체를 길게 터치합니다. 개체가 분리되는 것을 확인 후 손을 때면 2 분리된 개체를 [**복사, 공유, 저장**]하실 수 있습니다.

3 따로 분리된 개체를 다른 배경에 활용한 화면입니다.

4 사진에서 텍스트 추출

1 갤러리에서 사진 속에 텍스트가 있는 사진을 선택한 후 오른쪽 하단에 [T]를 터치합니다.

2 사진 속에 텍스트가 전부 선택된 것을 확인할 수 있습니다.

3 텍스트 전체 또는 물방울 아이콘을 이동하여 원하는 텍스트만 [복사, 모두 선택, 공유]하기 할 수 있습니다.

5 타임랩스

타임랩스는 시간의 흐름을 빠르게 보여주는 영상 제작 기법입니다. 마치 영화에서 시간을 되감는 장면처럼, 실제로는 오랜 시간 동안 변화하는 모습을 짧은 시간 안에 담아내는 것입니다. 그런데 갤럭시에서 찍은 사진 중, 일반 사진인데도 촬영한 사진 하단에 [⚙타임랩스] 표시가 있는 경우가 있습니다.

1 갤러리에서 사진 속에 타임랩스가 있는 사진을 선택한 후 오른쪽 하단에 [⚙]을 터치합니다.

2 ① 화면이 변하는 것을 확인할 수 있습니다. 사진의 움직임을 AI가 가상으로 만들어 영상으로 제작해 줍니다. ② 영상을 저장하고 싶다면 [다른 파일로 저장]을 터치합니다. 타임랩스는 직접 적용하는 기능이 아니며 사진의 풍경 등을 고려하여 AI가 자동으로 적용해 주는 기능입니다.

 **갤럭시 S22 울트라 이상 AI 기능 활용하기**

1 스마트폰이 업데이트되면서 갤럭시 포토에디터 기능도 추가 되었습니다. 갤러리에서 편집할 사진을 선택 후 [포토 어시스트]를 터치합니다.

2 ① 이동하고 싶은 개체를 손가락으로 길게 눌러 원하는 곳으로 이동합니다. ② [생성]을 터치합니다.

3 개체가 이동한 자리를 AI가 감쪽같이 메꾸어준 것을 확인할 수 있습니다. ① [원본 보기]를 터치하여 편집 전후를 확인할 수 있습니다. ② 편집한 사진을 저장하려면 [다른 파일로 저장]을 터치합니다.

구글 포토에서 AI 기능 활용하기

구글 포토는 사진을 저장하고 관리할 수 있는 클라우드 서비스입니다. 스마트폰에서 찍은 사진을 자동으로 저장해주고, AI 기능을 활용해 어두운 사진을 밝게 만들거나 색이 흐린 사진을 선명하게 보정하는 등의 다양한 기능을 제공합니다. 특히, 사진 보정 기능은 복잡한 작업 없이 몇 번의 클릭만으로 전문가 수준의 사진을 만들 수 있습니다. 또한 원본 사진은 그대로 있고 사본으로 저장되기에 걱정할 필요가 없습니다. 부모님들이 손쉽게 활용할 수 있는 앱이니, 가족사진, 풍경 사진, 오래된 사진 등으로 하나씩 천천히 따라 해 보시기 바랍니다.

1 준비 사항

- 구글 포토 앱 설치 및 구글 계정에 로그인해야 합니다.
- 인터넷에 연결되어 있어야 합니다. (와이파이나 데이터 연결 상태 확인)

2 구글 포토 앱 설치하기

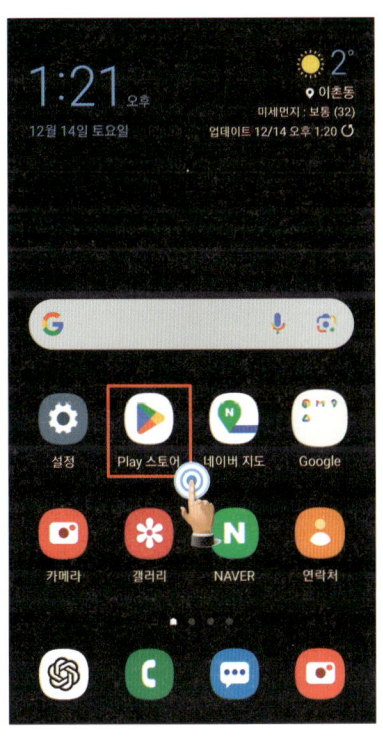  

1 [Play스토어]를 터치합니다.

2 ① 하단 [검색] 아이콘을 터치한 후 ② [돋보기] 검색창을 터치합니다.

3 ① 검색창에 [구글 포토]를 입력합니다. ② 구글 포토를 선택한 후 [설치] 버튼을 눌러 설치를 완료합니다.
③ [열기]를 터치합니다.

천천히, 차근차근 따라 하면 누구나 할 수 있어요!

3 사진 업로드하기

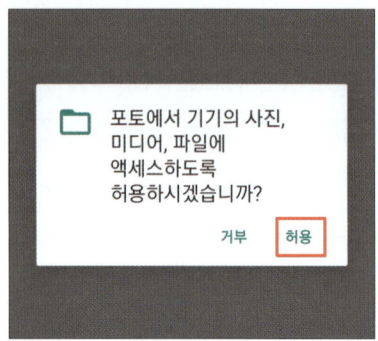

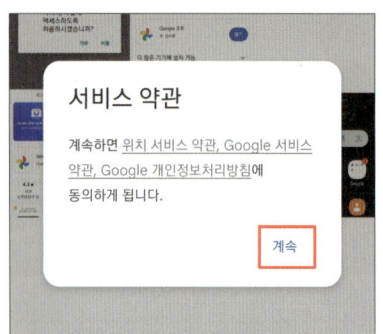

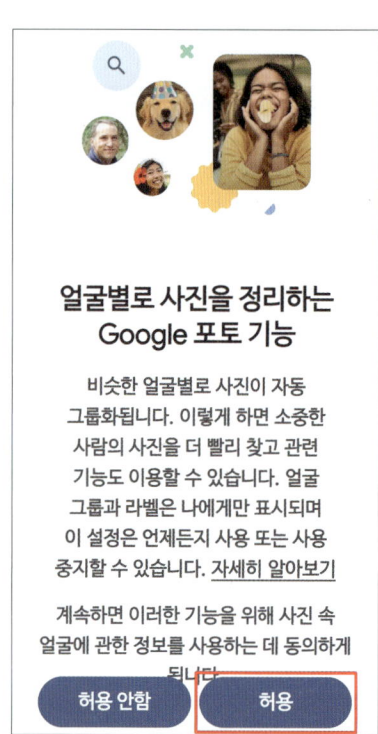

1 구글 포토 앱을 사용하기 위해서 기기의 사진과 미디어 파일에 접근할 수 있도록 [허용]을 터치합니다. 이어서 [계속]을 터치합니다. 2 ① 백업 사용 설정을 위해 [활성화 버튼]을 오른쪽으로 켜야 합니다. ② [시작하기]를 터치합니다. 3 [허용]을 터치합니다.

4 AI 보정 기능 활용하기

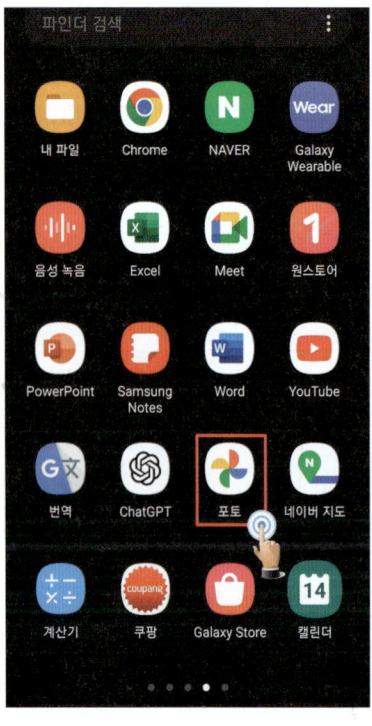

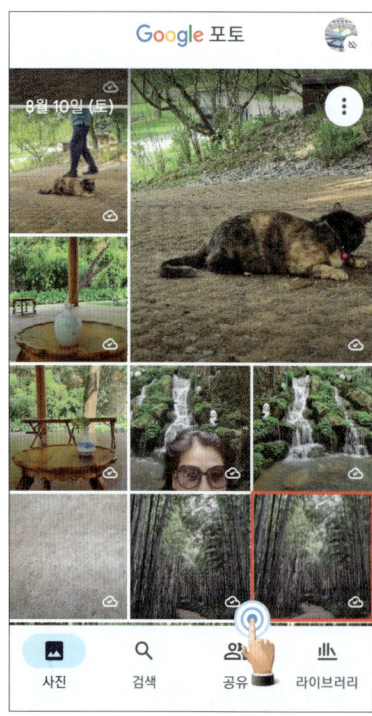

1 [포토] 앱을 터치합니다. 2 수정하고 싶은 [사진]을 선택합니다. 3 [수정]을 터치합니다.

수정 탭을 터치하면 [AI 추천]탭이 자동으로 활성화됩니다. AI 추천은 사진을 분석해 밝기, 색상, 선명도를
자동으로 조정하여 효과를 추천해 줍니다. 위의 3개의 사진 효과가 모두 다르게 추천된 것을 알 수 있습니다.
한 번씩 클릭해서 사진의 색감 변화를 경험해 보세요.

1 사진 크기를 조정하려면 ① [자르기] 탭을 터치합니다. ② 순서대로 [비율 조정 옵션], [회전], [좌우 반전],
[기울기] 버튼입니다. ③ 위의 게이지를 손가락으로 누른 채 좌우로 움직여 수평, 수직 기울기를 조절합니다.
첫 번째 [비율 조정 옵션]을 터치하여 **2** 다양한 비율 옵션을 선택할 수 있습니다. **3** 손가락을 안쪽으로 드래그
하여 영역을 지정한 후 손가락을 놓으면 자동으로 크기가 선택됩니다.

1 사진을 전문가처럼 돋보이게 하려면 ① [**도구**]탭을 터치합니다. ② [**블러**]를 터치합니다. 블러가 활성화되면서 사진에서 자동으로 초점이 맞춰진 부분과 배경을 분석합니다. **2** ① [**자동**]을 선택할 수 있고, ② 게이지를 좌우로 움직여 설정할 수도 있습니다. ③ [**완료**]를 터치합니다. 블러는 배경을 흐리게 만들어 사진 속 사물을 더 선명하고 돋보이게 합니다. **3** 인물이 더 선명하게 부각된 것을 알 수 있습니다. 결과물을 확인한 후 저장합니다.

1 도구 탭의 [**매직 지우개**]를 선택합니다. **2** AI가 사진 속 불필요한 객체를 자동으로 감지해 하이라이트 표시하며, 자동으로 제거합니다. 직접 손가락이나 터치펜을 이용하여 제거할 영역을 그릴 수 있습니다.

3 [**완료**]를 터치합니다. 깔끔하게 제거된 것을 확인할 수 있습니다. 사본 저장을 합니다.

※ 도구 탭 또한 AI 추천 탭과 동일하게 사진에 따라 자동으로 효과를 추천합니다.

1 밝기, 색상 등을 조정하려면 ① [조정]탭을 터치합니다. ② [밝기], [대비], [HDR 효과], [화이트 포인트], [하이라이트], [어두운 부분 조절], [블랙 포인트], [채도], [색온도], [색조], [피부톤], [블루톤], [돋보이게], [선명하게], [노이즈 제거], [비네드] 등 왼쪽으로 드래그하면 다양한 조정 메뉴 모음들이 나타납니다. **2** ① [대비]를 선택합니다. ② 게이지를 손가락으로 누른 채 좌우로 움직여 조절합니다. 사진의 색감, 밝기, 대비 등을 미세하게 조정한 후 ③ [완료]를 터치합니다. **3** [사본 저장]을 터치합니다. 작업을 하면서 저장하는 것이 좋습니다. 사본 저장임으로 원본은 살아 있습니다.

조정 탭의 주요 기능

- **밝기:** 사진 전체의 밝기를 조성합니다.
- **대비:** 사진의 밝은 부분과 어두운 부분의 차이를 조정합니다.
- **HDR 효과:** 사진의 밝은 부분과 어두운 부분을 조정해 디테일과 균형을 살려주는 기능입니다.
- **화이트 포인트:** 사진에서 흰색이 더욱 또렷하게 보이도록 조정합니다.
- **하이라이트:** 사진에서 밝은 부분의 밝기를 조정합니다.
- **어두운 부분 조절:** 사진에서 어두운 부분의 밝기를 조정합니다.
- **블랙 포인트:** 사진의 가장 어두운 영역의 강도를 조정해 대비를 강화합니다.
- **채도:** 사진의 색상을 더 강하게 또는 약하게 만듭니다.
- **색온도:** 사진의 색감을 따뜻하거나 차갑게 조정하는 기능입니다.
- **색조:** 사진의 색상에 약간의 녹색이나 보라색 느낌을 더해 특정 분위기를 만듭니다.
- **피부톤:** 인물 사진에서 피부의 색감을 자연스럽게 보정하거나 강조합니다.
- **블루톤:** 사진의 파란색 영역(하늘, 바다 등)을 조정해 더 차갑거나 강렬하게 만듭니다.
- **돋보이게:** 사진의 전체적인 선명도와 대비를 높여 주요 피사체를 더 돋보이게 만듭니다.
- **선명하게:** 사진의 경계와 디테일을 강조해 더 또렷하게 보이게 합니다.
- **노이즈 제거:** 어두운 환경에서 찍은 사진에 나타나는 거친 입자(노이즈)를 줄여 부드럽게 만듭니다.
- **비네드:** 사진의 가장자리를 어둡게 또는 밝게 만들어 초점을 중앙으로 모으게 합니다.

● **사용 방법**

① 게이지를 좌우로 조절해 값을 변경할 수 있습니다. 조금씩 조정하며 원하는 느낌을 찾으세요.

② 사진을 길게 누르면 원본 상태와 보정 후 상태를 비교할 수 있습니다.

③ 마음에 드는 결과를 선택해 저장하세요.

1 사진의 분위기를 바꾸려면 ① [필터] 탭을 터치합니다. ② 필터에는 [선명], [플라야], [허니], [이슬라], [사막], [클레이], [팔마], [블러쉬], [알파카], [모데나], [웨스턴], [메트로], [시네마], [바자], [올리], [오닉스], [에펠], [보그], [비스타] 등 다양한 메뉴들이 있습니다. 원하는 메뉴를 터치만 하면 됩니다.

2 [알파카]를 선택해 보았습니다. 사진이 따뜻하고 부드러운 느낌으로 변했습니다.

3 ① [에펠]을 터치해 클래식하고 빈티지한 느낌으로 흑백 감성을 살리고 싶을 때 선택하면 좋습니다.

② [사본 저장]을 터치합니다.

※ 필터는 사진 편집 초보자도 쉽게 사용할 수 있도록 자동 조정 기능이 포함되어 있어 클릭 한 번으로 손쉽게 활용할 수 있습니다.

1 사진에 글자를 삽입하거나 그림을 그리려면 ① [**마크업**]탭을 터치합니다. ② [**펜**], [**형광펜**], [**텍스트**]
메뉴가 나타납니다. 세 번째 위치한 텍스트를 선택하여 **2** ① [**내용을 입력해 주세요**]란에 글자를 입력합니다.
② 글자색을 선택합니다. ③ [**완료**]를 터치합니다.

3 ① 손가락으로 글의 위치와 크기를 설정할 수 있습니다. ② [**완료**]를 터치합니다.
   ※ 글자체 및 펜, 형광펜의 두께 및 투명도는 고정되어 있습니다.

 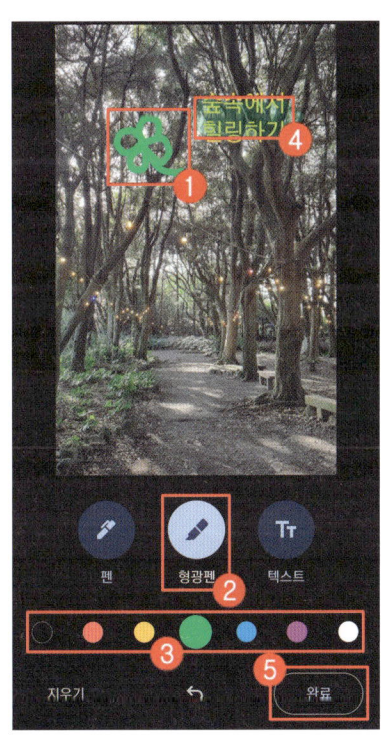 

1 ① [**펜**]을 터치합니다. ② 펜의 색깔을 선택합니다. **2** ① 손가락 또는 터치펜으로 그림을 그립니다.
   ② [**형광펜**]를 터치합니다. ③ 색을 선택하고, ④ 강조하고 싶은 부분에 형광펜을 사용합니다.
   ⑤ [**완료**]를 터치합니다. **3** 모든 작업이 완료되면 [**사본 저장**]을 터치해서 저장합니다.

1 [Play스토어]에서 ① [b612]를 검색하여 [설치]하고 ② [열기]를 터치합니다. **2** [전체 동의하고 시작]을 터치합니다. **3** [B612]에서 사진을 촬영하고 동영상을 녹화하도록 [앱 사용 중에만 허용]을 터치하여 진행합니다.

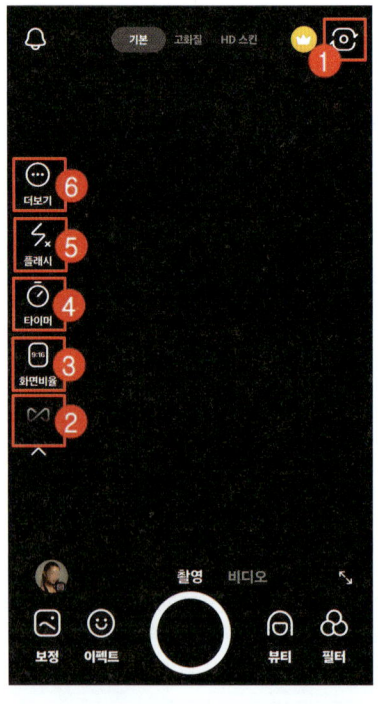
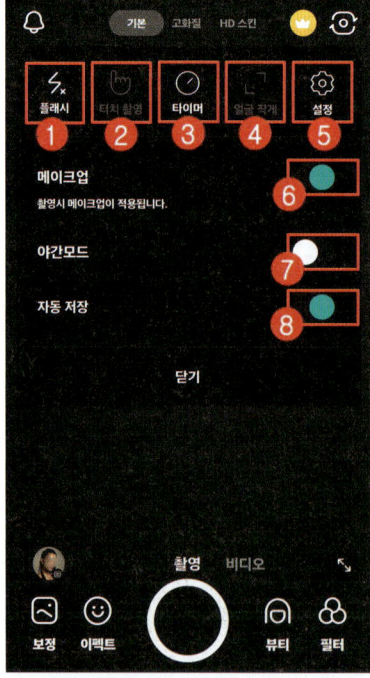
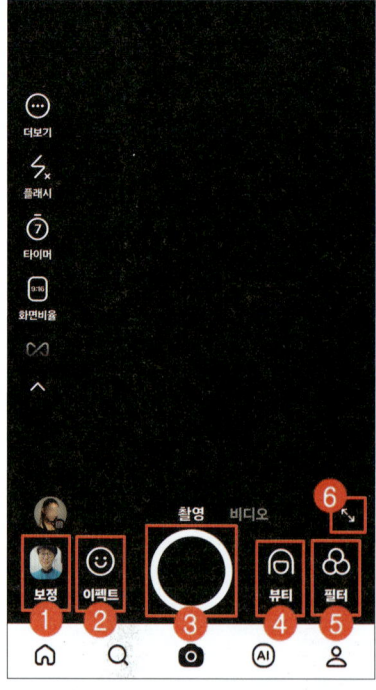

1 ① 촬영 시 전면, 후면을 설정할 수 있습니다. ② 바운스 기능으로 촬영할 수 있습니다. ③ 화면 비율을 선택할 수 있습니다. ④ 타이머로 촬영할 수 있습니다. ⑤ 플래시를 활성화 및 비활성화 설정할 수 있습니다. ⑥ 더보기를 터치합니다. **2** ① 플래시를 활성화 또는 비활성화로 설정할 수 있습니다. ② 화면의 어느 곳이든 터치하여 사진을 찍을 수 있습니다. ③ 원하는 시간(예: 3초, 5초, 10초)을 설정하여 자동 촬영할 수 있습니다. ④ 프레임 축소 기능으로 얼굴 크기를 작게 할 수 있습니다. ⑤ 다양한 설정을 할 수 있습니다. ⑥ 메이크업 효과를 적용하여 촬영할 수 있습니다. ⑦ 야간 모드 설정이 가능합니다. ⑧ 촬영 시 자동으로 저장할 수 있습니다.

❸ ① 촬영한 사진을 불러와 보정할 수 있습니다. ② 다양한 이펙트 효과를 적용할 수 있습니다. ③ 촬영 버튼을 터치하여 촬영 및 동영상을 제작할 수 있습니다. ④ 인물 사진에 뷰티 효과를 적용할 수 있습니다. ⑤ 다양한 필터 효과를 적용할 수 있습니다. ⑥ 화면을 확대 축소할 수 있습니다.

❶ B612 첫 화면에서 [이펙트]를 터치합니다. ❷ ① 이펙트 효과 메뉴 중 [AI Cartoon]을 터치합니다. ② 원하는 캐릭터를 선택합니다. ③ 완성된 화면을 축소 및 확대할 수 있습니다. ④ 좋아하는 이펙트 효과를 [즐겨찾기]할 수 있습니다.

❸ 원하는 효과가 적용되있다면 [촬영 버튼]을 터치하여 사진 및 동영상으로 제작될 수 있습니다.

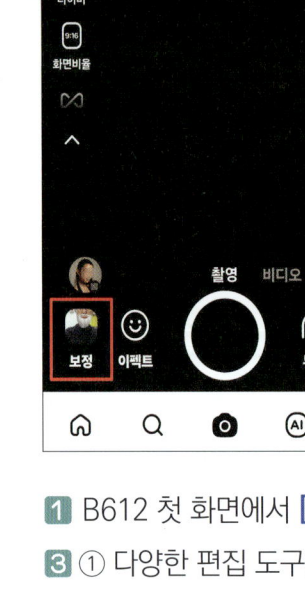
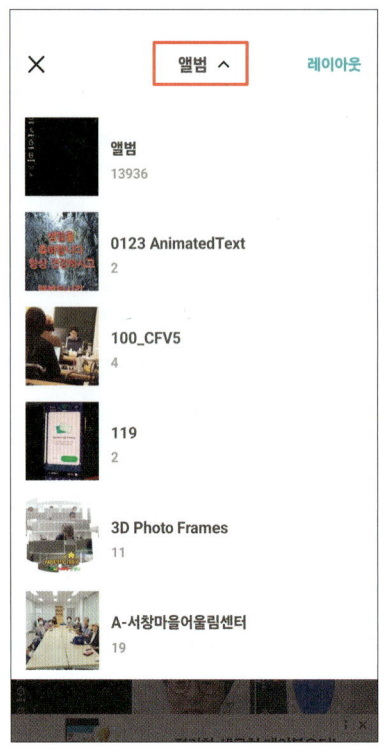

1️⃣ B612 첫 화면에서 [보정]을 터치합니다. 2️⃣ [앨범]을 터치하여 보정할 사진을 선택합니다.
3️⃣ ① 다양한 편집 도구를 활용하여 사진을 보정 할 수 있습니다. ② 하단 [AR 필터]를 터치하여 진행합니다.

1️⃣ ① AR 필터 효과 메뉴 중 원하는 효과를 선택합니다. ② 완성된 사진을 [동영상으로 저장] 할 수 있습니다.
③ [V]를 터치합니다. 2️⃣ [저장]을 터치하여 갤러리에 다운로드 할 수 있습니다. 3️⃣ [내보내기]를 터치
하여 공유할 수 있습니다.

11강 캡컷(CapCut)

캡컷(CapCut)은 틱톡(Tiktok)의 개발사인 바이트댄스(ByteDance)가 출시한 멀티 플랫폼(Multiplatform) 동영상 편집 솔루션입니다. AI기능과 직관적인 사용법을 바탕으로, 유튜브 쇼츠(Shorts), 인스타그램 릴스(Reels) 등 숏폼 콘텐츠 제작에 최적화되어 있습니다. 디지털복지사로서 교육자료를 만들거나, 기관 홍보 영상을 제작하거나, 어르신 등 정보 소외 계층에게 영상 제작을 교육할 때 가장 유용하게 활용할 수 있는 핵심도구입니다.

 ## 캡컷의 특장점

① 접근성
완벽한 N–스크린 지원: 모바일, PC, 웹(Web)등 어떤 환경에서나 영상편집 가능

② 효율성
AI기반의 강력한 자동화 기능: 자동캡션, AI보이스, 인물오려내기(배경제거) 등 단순반복작업을 AI가 대신처리하여 시간단축

③ 편의성
풍부한 무료 리소스 및 템플릿 기능

④ 연동성
클라우드 동기화 및 프로젝트 공유기능으로 기기간 유연한 작업연동 가능

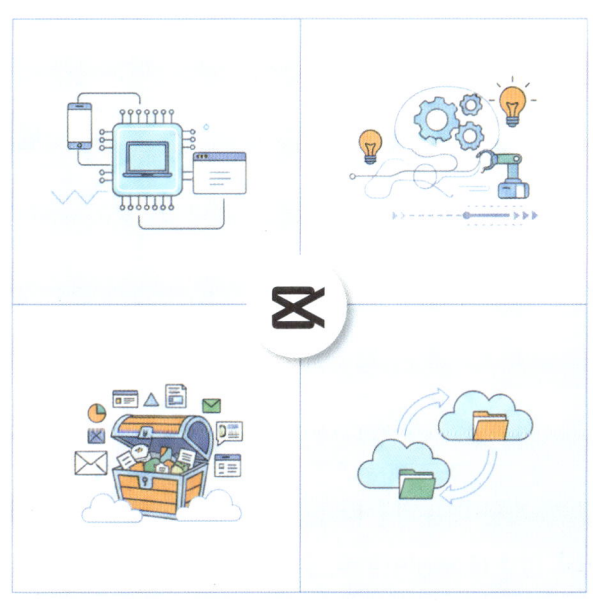

 **캡컷 앱 설치 및 로그인**

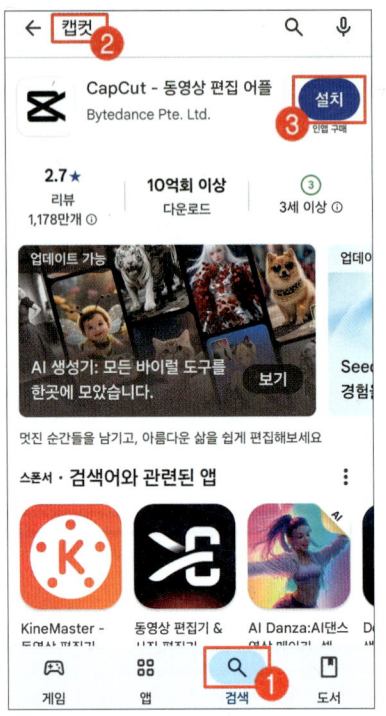
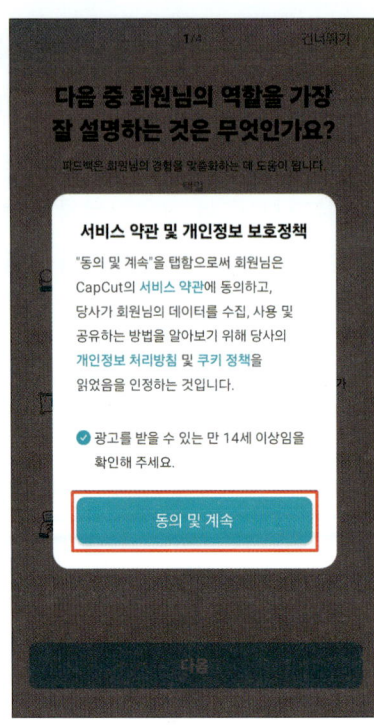
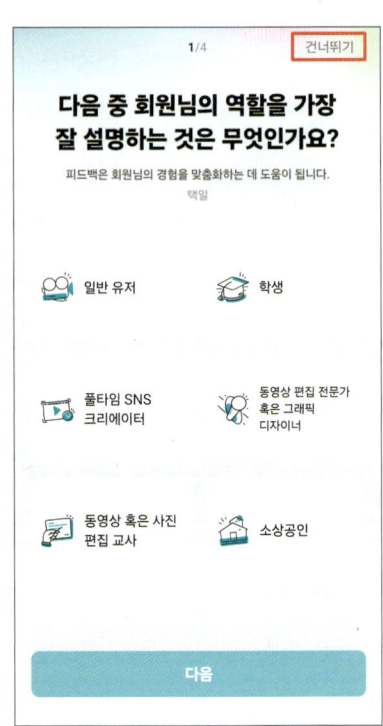

1 Play스토어 하단 ① [검색] 탭을 선택한 후 ② 상단 검색창에 [캡컷]을 검색하여 ③ [설치] 후 [열기]버튼을 터치합니다. **2** 약관에 [동의 및 계속]을 터치합니다. **3** 기본 설문은 [건너뛰기]합니다.

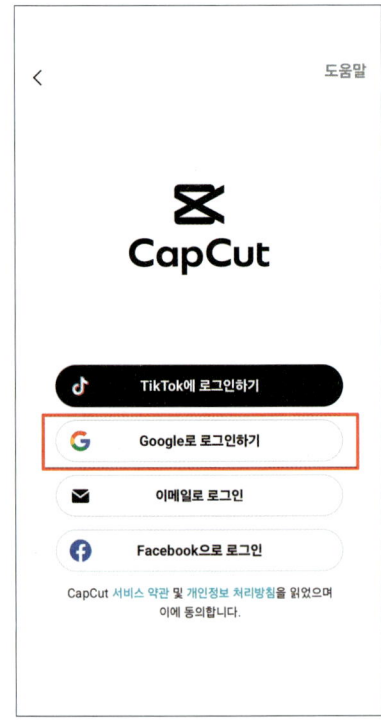

1 ① 인기 템플릿 팝업창은 닫고 ② 하단 메뉴의 [나]를 선택합니다. **2** [탭하여 로그인]을 터치합니다.
3 여러 방법으로 로그인 할 수 있지만 [Google로 로그인하기]를 추천합니다.(로그인을 하지 않아도 영상 편집을 할 수 있지만 로그인을 하면 더욱 편리하게 사용할 수 있습니다.)

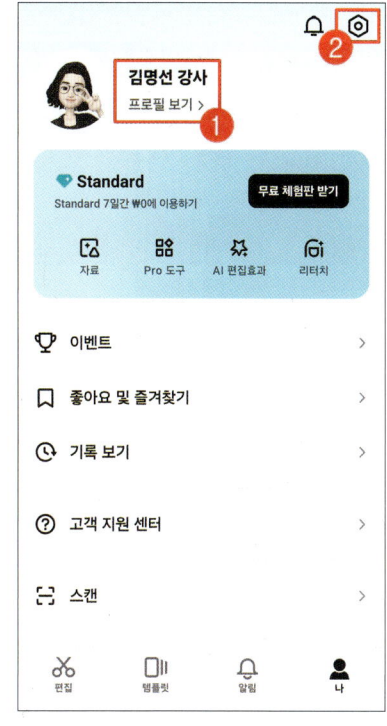  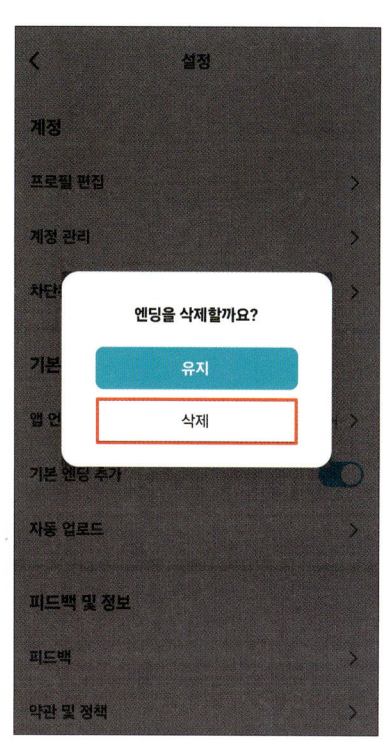

1 ① [**프로필 보기**]를 선택하여 "**user일련번호**"로 된 프로필을 편집할 수 있습니다. ② 설정을 터치 합니다.

2 [**설정**] 창에서 앱 언어 "**한국어**"로 설정하고 [**기본 엔딩 추가**]를 터치하여 비활성화합니다.

3 영상 편집시 맨 마지막에 캡컷로고 **엔딩**을 삭제하기 위하여 [**삭제**]를 터치 합니다.

천천히, 차근차근 따라 하면 누구나 할 수 있어요!

● 미디어(영상, 사진) 가져오기

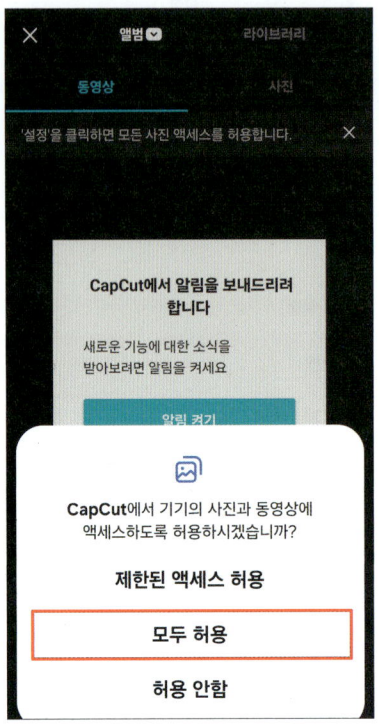

1 ① [편집]을 터치하고 ② [새 동영상]를 터치합니다. **2** [모두 허용]을 터치하여 액세스는 허용하지만 알림 켜기는 [취소]를 추천합니다. **3** ① [앨범], ② [동영상]일 때 ③ 가져올 동영상을 선택(오른쪽 위 동그라미 부분)하고 ④ 잘못 선택했을 경우 터치하여 취소합니다. ⑤ [추가]를 터치하면, 영상이 불러오기 됩니다.

1 ① [앨범], ② [사진]을 터치하고 ③ 가져올 사진을 선택(오른쪽 위 동그라미 부분)하고 ④ 잘못 선택했을 경우 터치하여 취소합니다. ⑤ [추가]를 터치하면 사진이 가져오기 됩니다.

2 ① [라이브러리]를 터치하면 ② 검색하여 원하는 무료 영상을 찾아 편집에 사용할 수 있습니다. 내 영상을 ③ 선택하고 ④ 취소할 때와 같은방법으로 ⑤ 추가할 수 있습니다.

※ 주의하세요

Pro(다이아몬드 아이콘)라고 표시된 영상을 사용시 편집 완료 후 내보내기 할 때 유료결제를 하거나 그 영상이나 효과를 제거해야만 내보내기가 됩니다. 무료사용자는 아무 표시가 없는 영상이나 효과 등을 사용해야 합니다.

캡컷(Capcut) 편집화면 인터페이스

① [종료] 프로젝트 파일 편집을 종료합니다.

② [고객지원센터] 초급자용 가이드 영상, FAQ를 볼 수 있습니다.

③ [요금제] 캡컷 요금제를 확인할 수 있습니다.

④ [해상도] 비디오의 해상도 및 프레임 속도를 선택할 수 있습니다.

⑤ [내보내기] 편집 완료 시 완성된 비디오를 생성하고 공유합니다.

⑥ [미리보기 창] 재생헤드가 위치한 영상부분을 미리보기합니다.

⑦ [전체화면] 편집 중인 영상을 전체화면으로 재생합니다.

⑧ [플레이 버튼] 미리보기 창에 영상을 재생합니다.

⑨ [연결 on/off] 텍스트, 스티커, 효과 및 기타 요소가 메인 트랙의 클립과 함께 이동하거나 삭제되도록 연결하거나 해제할 수 있습니다.

⑩ [실행취소, 다시 실행] 변경 사항을 취소하거나 다시 실행합니다.

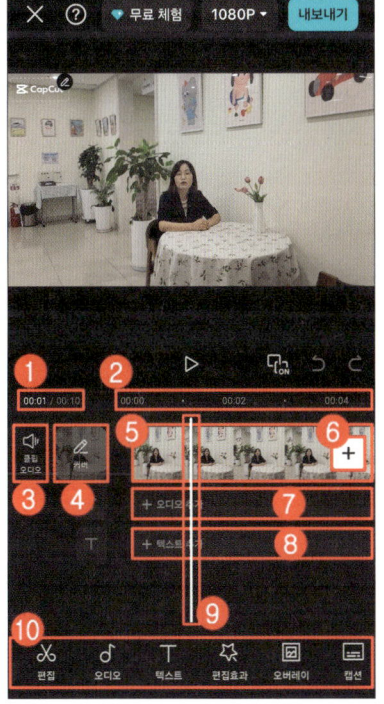

① [편집 타임 코드] 현재 시간위치와 비디오의 총길이를 표시합니다.

② [타임라인/트랙 확대,축소] 편집트랙의 빈 부분을 두 손가락으로 터치하고 바깥쪽으로 움직이면 작은 시간 단위(정밀 편집)가 표시됩니다. 모으면 큰 시간 단위(여러 클립 미리보기)가 표시됩니다.

③ [음소거] 메인 비디오 트랙의 원본 사운드를 음소거합니다.

④ [커버] 비디오의 커버(표지)로 사용할 커버 템플릿을 선택하거나 동영상에서 프레임을 선택하여 프로젝트 파일의 썸네일을 설정할 수 있습니다.

⑤ [메인 비디오 트랙] 편집할 비디오 트랙으로 빠른 미리보기가 됩니다.

⑥ [클립 추가] 클립선택 페이지를 열어 편집기에 클립을 추가합니다.

⑦ [오디오 트랙] 오디오를 가져오면 표시되는 트랙입니다.

⑧ [텍스트 트랙] 텍스트를 추가하면 표시되는 트랙입니다.

⑨ [재생 헤드] 현재시간 표시기, 이 막대의 위치에 해당하는 프레임이 미리보기 창에 표시됩니다.

⑩ [편집도구 모음] 왼쪽으로 스와이프하면 더 많은 도구 버튼을 볼 수 있습니다. 최상위 도구 버튼을 선택하면 하위 레벨 편집 도구들이 나타납니다.

캡컷(Capcut) 홈 화면

① [새 동영상] 영상/사진을 불러와 영상 편집을 시작할 때 터치합니다.

② [사진 편집] 사진 한 장을 불러와 보정 등을 하는 에디터가 열립니다.

③ [바로가기 도구] 자주 사용하는 편집 도구를 모아두었습니다.

④ [프로젝트 파일] 작업했거나 작업 중인 모든 프로젝트 목록이 자동 저장되는 공간입니다. 각 프로젝트 파일을 터치하면 영상 편집 화면으로 들어갑니다.

⑤ [프로젝트 목록] 프로젝트 파일 목록을 게시판형이나 그리드형으로 표시할지 설정할 수 있습니다.

⑥ [더보기] 각 프로젝트를 이름 변경, 복제, 삭제 등 세부 관리를 위한 옵션 메뉴가 열립니다.

⑦ [편집] 다른 메뉴 탭에 있다가 현재 홈화면으로 이동합니다.

⑧ [템플릿] 다른 사용자가 이미 만들어 둔 영상 틀에 내 사진이나 영상을 추가하여 10초 만에 완성본을 만들 수 있습니다.

⑨ [알림] 캡컷의 새로운 기능 업데이트 소식이나 내 템플릿 반응 등 공지사항을 확인하는 알림함입니다.

⑩ [나] 내 계정 정보, 유료 구독 상태, 앱의 설정(톱니바퀴)을 관리하는 마이페이지입니다.

왁티브 시니어들을 위한 AI라이터시

● 편집 (분할,삭제)

1️⃣ 클립을 스와이프하여 재생헤드를 자르고 싶은 위치에 두고 ① 클립을 터치하거나 ② [편집]을 터치합니다.

2️⃣ [분할]을 터치하여 영상을 자르고 3️⃣ 삭제할 클립을 선택 후 [삭제]를 터치합니다.

● 화면 비율, 배경 변경

  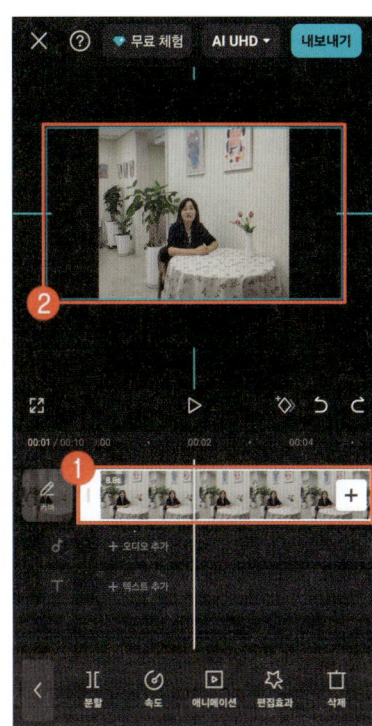

1️⃣ 영상을 편집하기 전에 화면비율을 결정해야 합니다.(숏폼 9:16, 유튜브 16:9) **[가로세로비율]**을 터치합니다.

2️⃣ 원하는 **[비율]**을 선택 후 **[V]**를 터치합니다. 비율을 변경하면 영상의 위 아래에 검은색 영역이 나타납니다.

3️⃣ 이때 **화면여백을 채우는 첫 번째 방법**은 ① 영상 선택 후 ② 미리보기 창에서 두 손가락을 바깥쪽으로 움직여 (핀치아웃) 비디오를 확대하여 화면을 채울 수 있습니다.

1️⃣ **화면여백을 채우는 두 번째 방법**은 **[배경]**을 터치합니다. 2️⃣ 색상, 이미지, 흐린효과를 주는 방법으로 채울 수 있는데 **[이미지]**를 선택합니다. 3️⃣ ① 원하는 이미지를 선택하고 ② **[V]**를 터치합니다.

천천히, 차근차근 따라 하면 누구나 할 수 있어요!

● 텍스트 추가

1 텍스트를 넣을 위치에 재생헤드를 놓고 [**텍스트**]를 터치합니다. **2** [**텍스트 추가**]를 터치합니다. **3** ① 입력창에 **"안녕하세요"**(원하는 문구)를 입력합니다. ② [**글꼴**]을 터치하여 ③ 다양한 글꼴 중에서 마음에 드는 글꼴을 선택합니다(무료체험판 글꼴은 내보내기 안됨) ④ 입력창을 확대할 수 있습니다.

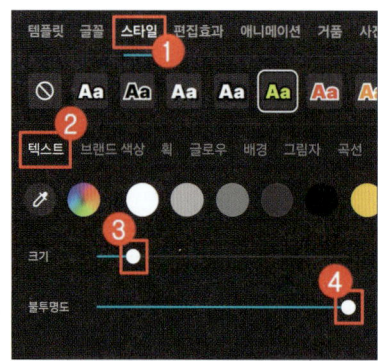

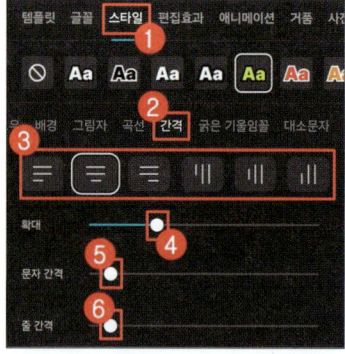

1 ① [**스타일**]을 터치하면 ③ 미리 설정된 스타일의 템플릿을 선택할 수 있으며 ② [**없음**]아이콘으로 기본값을 복원할 수 있습니다. ④ 텍스트의 여러 가지 효과 도구들을 선택할 수 있습니다. ⑤ 글자 색을 변경할 수 있습니다.

2 ① [**스타일**]에서 ② [**텍스트**]가 선택된 상태에서 스크롤 하면 ③ 텍스트의 [**크기**]와 ④ [**불투명도**]를 조절할 수 있습니다.

3 ① [**스타일**]에서 ② [**간격**]을 선택하면 텍스트의 레이아웃을 변경합니다. ③ 가로(왼쪽, 가운데, 오른쪽)정렬, 세로정렬 옵션 ④ [**확대**], ⑤ [**문자 간격**] ⑥ [**줄 간격**]을 조절할 수 있습니다.

● **텍스트 편집효과**

1 ① [**편집효과**]를 터치합니다. ② 카테고리(인기, 신규, 기본 등)를 선택하여 텍스트 효과 템플릿을 확인하고 ③ 마음에 드는 효과를 선택합니다. **2** [**애니메이션**]은 텍스트가 입장하고 퇴장할 때의 효과를 선택할 수 있습니다. ② [**인**]을 터치하여 ③ 효과를 선택한 후 ④ 효과의 시간을 조절할 수 있습니다. **3** ② [**아웃**]을 터치하여 ③ 효과를 선택한 후 ④ 효과의 시간을 조절할 수 있습니다.

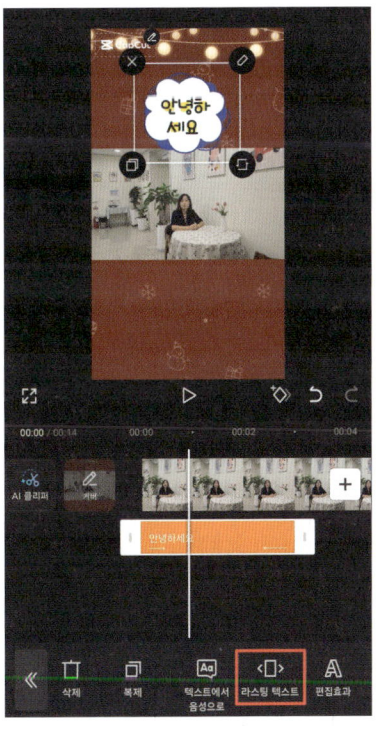
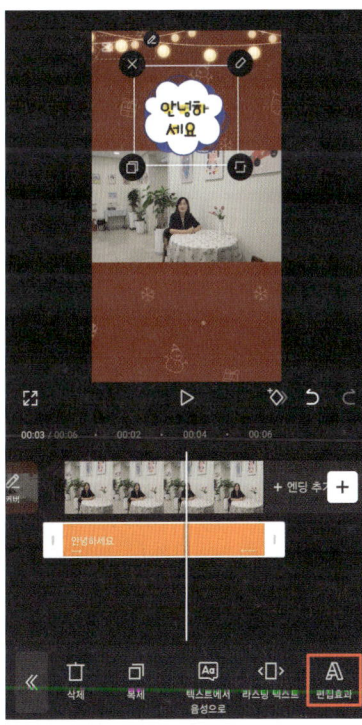

1 ① [**거품**]을 터치하면 ② 말풍선 효과 템플릿을 선택할 수 있습니다. ③ [**V**]를 터치하여 완료합니다. **2** ① [**라스팅 텍스트**]를 터치하면 동영상 전체에 텍스트가 표시됩니다. **3** [**편집효과**]를 수정할 수 있습니다.

● 장면전환(Transitions) 효과

1 [**장면전환**]은 영상과 영상 사이에 넣는 효과입니다. 영상 사이 [**흰색 블록**]을 탭합니다. **2** ① 다양한 카테고리에서 ② 원하는 효과를 선택합니다. 각 효과는 미리보기 GIF를 통해 확인할 수 있습니다. ③ [**전체 적용**]할 수도 있고 ④ 효과의 진행 시간을 조절할 수 있습니다. ⑤ 효과를 없앨 수 있고 ⑥ [**∨**]를 터치하여 완료합니다. **3** 장면전환 효과가 적용되면 ① (리본)모양으로 바뀝니다.

오버레이 1 ① [**재생헤드**]를 영상을 넣고 싶은 위치로 옮긴 뒤, [**오버레이**]를 터치합니다. **2** [**PIP추가**]를 터치합니다. **3** 갤러리에서 영상을 선택하여 추가하면 영상 위에 영상이 올라옵니다.

● 오디오: 배경음악 넣기

1 [오디오]를 터치합니다. **2** [사운드]를 터치하면, 틱톡과 연동된 방대한 음악 라이브러리가 펼쳐집니다. **3** ① 검색창에서 원하는 음악을 찾을 수 있습니다. ② 카테고리별로 음악 목록을 볼 수 있습니다. ③ 터치하여 음악을 재생하고, 정지할 수 있고 ④ 즐겨찾기에 추가할 수 있고 ⑥ 다운로드 받아 ⑤ 편집 영상에 오디오 클립으로 생성할 수 있습니다. ⑦ 유료 사용자가 사용할 수 있습니다.

 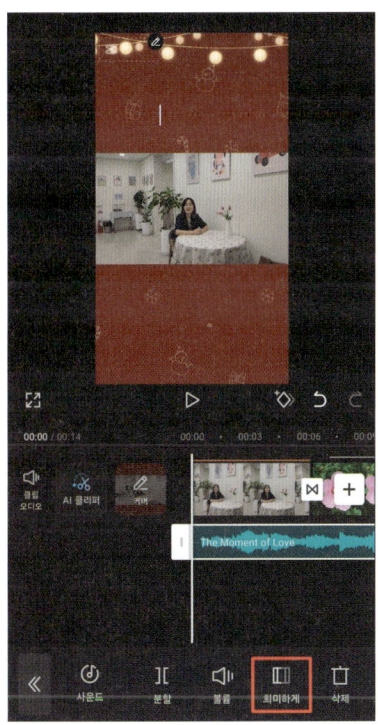 

1 오디오 클립을 영상 길이에 맞춰 ① [분할]하고 ② [삭제]합니다. **2** ① 음악이 부드럽게 시작하고 끝날 수 있게하는 기능인 [희미하게]를 터치합니다. **3** ①,②로 시간을 조정하고 ③ [V]를 터치합니다.

● 템플릿으로 영상 만들기

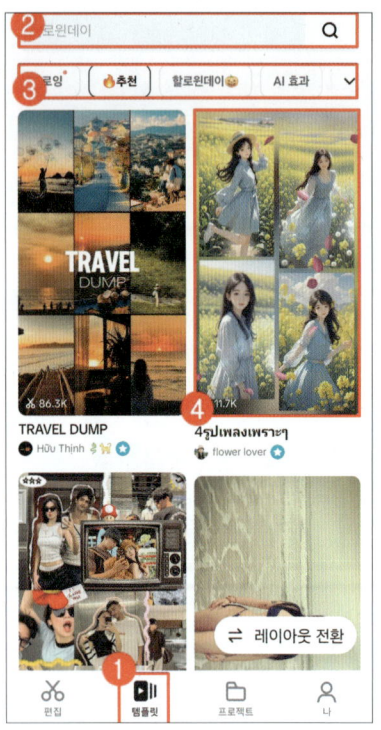  

1 홈화면에서 ① [**템플릿**]메뉴를 터치합니다. 템플릿을 ② [**검색창**]과 ③ [**카테고리**]별로 검색할 수 있습니다. ④ 원하는 템플릿을 선택합니다. **2** ① [**템플릿 사용**]을 터치합니다. ② [**좋아요**] 누른 콘텐츠에 추가하거나 ② [**즐겨찾기**]에 추가할 수 있습니다. **3** ① 동영상이나 사진을 선택하고 ② 사진이나 영상이 모두 선택되면 ③ [**다음**]을 터치합니다.

 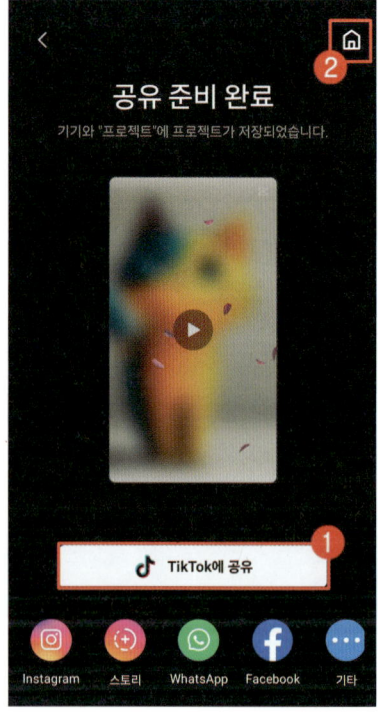

1 ① [**오디오**]를 변경할 수 있습니다. ② [**내보내기**]를 터치합니다. **2** ①에서 해상도를 조절할 수 있습니다. ② [**워터마크 없이 내보내기**] 됩니다. **3** ① [**틱톡**]에 공유할 수 있고 ② 템플릿 홈으로 이동합니다.

● 템플릿을 활용한 편집 ❶

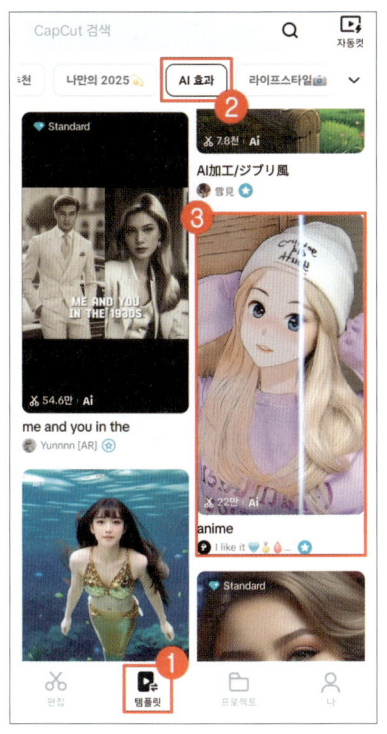

1 ① 홈화면에서 하단의 [**템플릿**]을 터치합니다. ② 상단 메뉴의 [**AI 효과**]를 선택 후 스크롤하여 ③ 원하는 템플릿을 선택합니다. **2** ① [♡]를 눌러 좋아요 누른 콘텐츠에 ② 리본모양을 눌러 즐겨찾기에 저장할 수 있습니다. ③에 포인트나 다이아몬드 아이콘이 있을 경우 유료입니다. ④ [**AI 템플릿 사용**]을 터치합니다. **3** ① 사진을 선택하고 ② 선택한 사진을 삭제할 수 있습니다. ③ [**다음**]을 터치하여 진행합니다.

1 완성된 영상을 저장하기 위해 [**내보내기**]를 터치합니다. **2** [**워터마크 없이 내보내기**]를 터치합니다.
3 장치에 저장되었고, [**홈**] 아이콘을 터치하면 캡컷 메인 메뉴 화면으로 돌아갑니다.

천천히, 차근차근 따라 하면 누구나 할 수 있어요!

● 템플릿을 활용한 편집 ❷

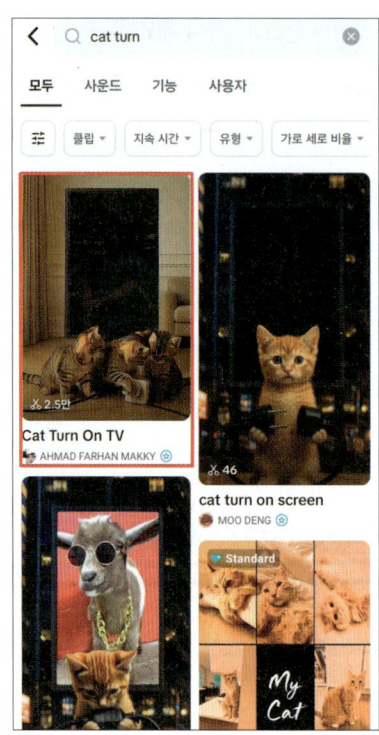

1 ① 캡컷 홈화면에서 하단 [템플릿]을 터치합니다. ② 원하는 템플릿 키워드를 입력하여 검색합니다.

2 화면을 스크롤하여 사용할 템플릿을 선택합니다.

3 [템플릿 사용]을 터치하여 진행합니다.

1 ① [사진] 앨범을 선택합니다. ② 템플릿에 사용할 사진을 선택합니다. ③ 선택한 사진을 변경하고 싶으면 [-]를 터치하여 삭제 후 다시 선택할 수 있습니다. ④ [다음]을 터치합니다. **2** 배경 음악을 변경하려면 [오디오]를 터치합니다. **3** 스크롤 하면서 음악을 터치하여 들어보고 선택합니다.

1 선택한 음악에서 [**가위**]모양 아이콘을 누르면 음악 시작 위치를 변경할 수 있습니다.

2 ① 좌우로 움직여 시작 위치를 조절한 후 ② [**V**]을 터치하여 완료합니다.

3 ① [**내보내기**]를 터치합니다. ② 부분을 눌러 해상도를 조절할 수 있습니다.

  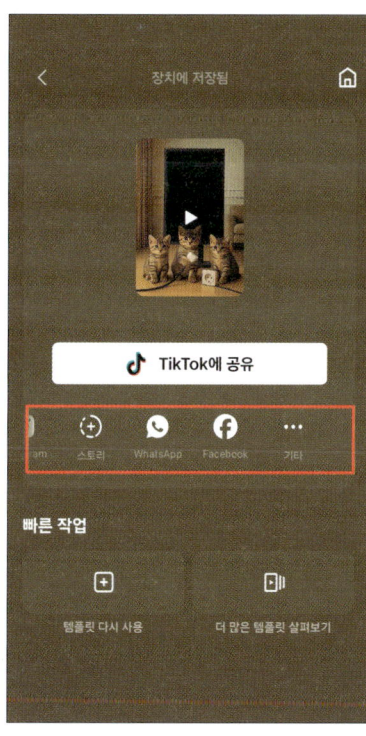

1 ① 저장하고자 하는 해상도를 선택 후 ② [**완료**]를 터치합니다. **2** [**워터마크 없이 내보내기**]를 터치합니다.

3 장치에 템플릿으로 만든 영상은 저장되었고, [**아이콘**]부분을 밀어서 [**기타**]를 터치하면 스마트폰에 설치
되어 있는 카톡 등의 앱으로 영상을 공유할 수 있습니다.

12강 수노 (Suno.AI)

Suno.AI란 무엇인가요?

Suno AI는 인공지능을 이용해 음악을 만들어주는 도구입니다. 사용자의 취향과 감정에 맞는 음악을 쉽게 생성할 수 있는 서비스입니다. 원하는 음악의 분위기나 가사를 입력하면, 자동으로 노래를 만들어줍니다. 마치 작곡가랑 가수와 함께 일하는 것처럼, Suno AI가 여러분의 아이디어를 실제 음악으로 바꿔줍니다. 특히 시니어 세대도 손쉽게 사용할 수 있도록 설계되어 있어, 특별한 기술이나 악기 연주 경험 없이도 원하는 음악을 만들 수 있습니다.

"당신의 상상을 음악으로 피워 내는 곳, Suno입니다"

Suno로 무엇을 할 수 있나요?

- **추억의 노래 만들기** (아기를 위한 자장가, 연인을 위한 사랑의 노래 등)
- **기념일 음악 만들기** (생일, 결혼기념일, 입학식, 졸업식, 어버이날 기념 노래)
- **계절별 날씨별 음악만들기** (봄날 산책을 위한 경쾌한 음악, 비 오는 날 듣기 좋은 멜로디, 크리스마스 캐롤 등)
- **나의 일상 배경음악 만들기** (아침체조를 위한 경쾌한 리듬, 산책할 때 듣는 편안한 음악, 요가나 명상을 위한 차분한 곡, 독서할 때 듣는 클래식 등)
- **나만의 작은 음악 스튜디오** (음악 컬렉션 만들기)
- **교육용 음악** (역사나 지역 명소에 관한 노래 만들기, 암기하기 좋게 노래로 만들기)

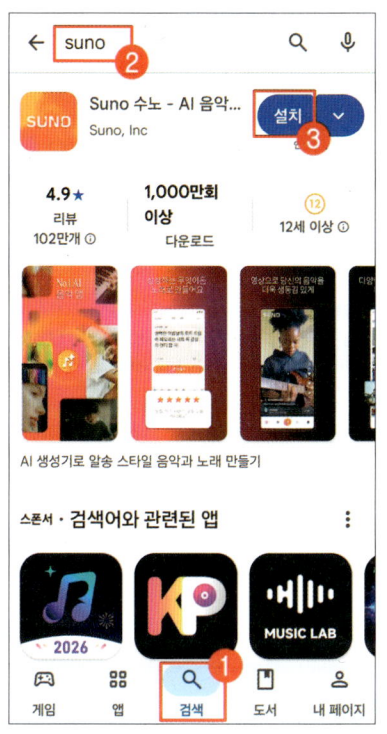 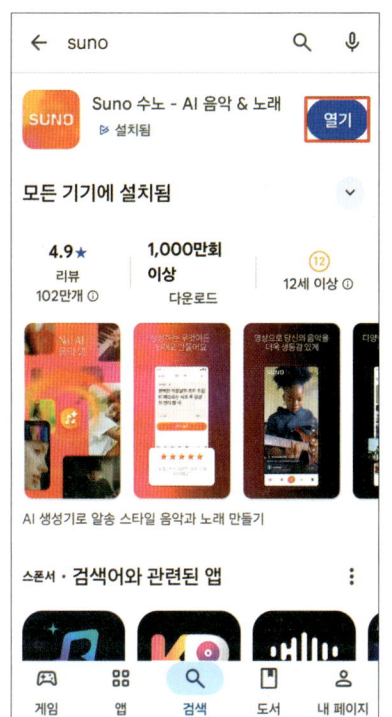 

1️⃣ ① [Play 스토어]에서 하단 메뉴 [검색]에 두고 ② 상단 검색창에 [Suno]를 입력하여 검색합니다. ③ [설치]를 터치합니다. 2️⃣ 설치가 완료되면 [열기]를 터치합니다. 3️⃣ [무료 계정을 만드세요]를 터치하여 회원가입을 시작합니다.

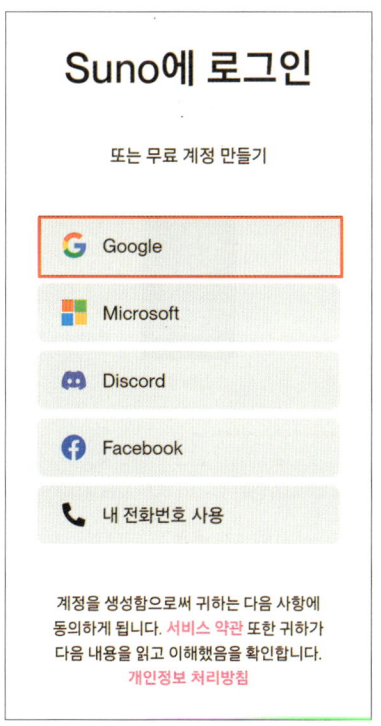 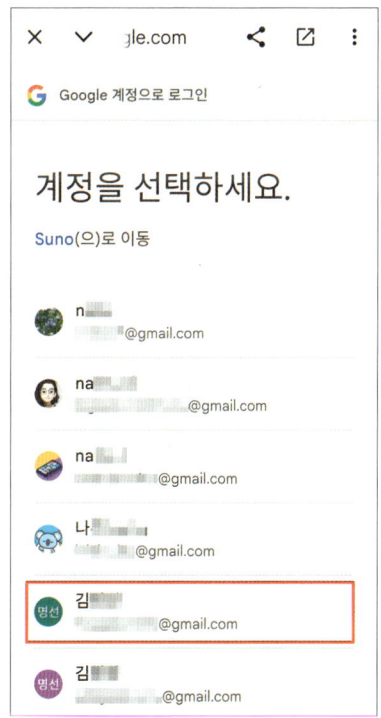 

1️⃣ 로그인에 사용할 플랫폼 계정을 선택하면 됩니다. 가장 일반적인 [Google]을 선택하겠습니다.

2️⃣ 구글 계정 중에서 수노에 로그인 할 계정을 선택합니다.

3️⃣ [계속]을 터치합니다.

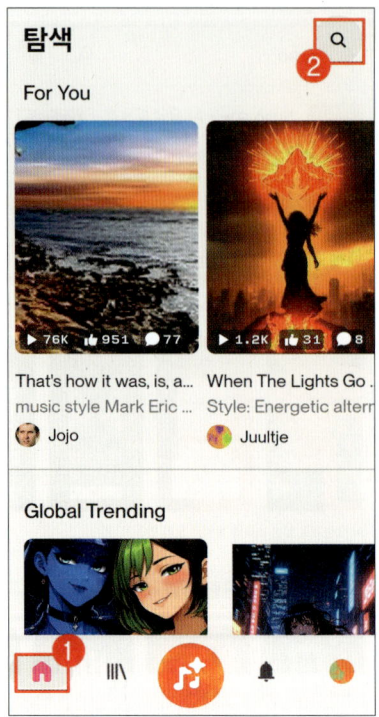
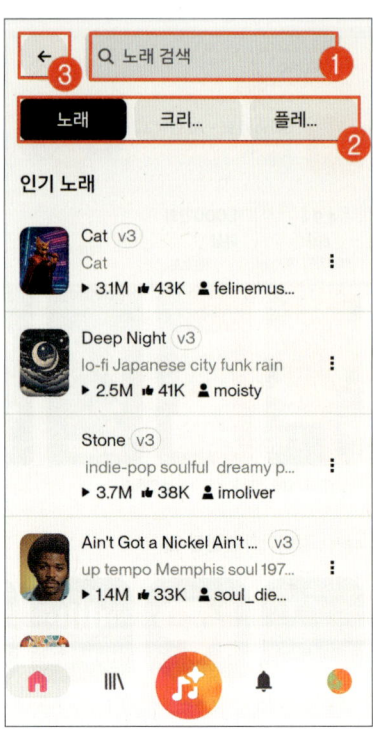

1️⃣ 처음 나오는 화면에서 [건너뛰기]를 터치합니다. 이름, 사용자 이름, 알림 허용 설정은 나중에 변경할 수 있습니다. 2️⃣ ① 홈(집모양 아이콘)을 누르면 다른 사용자가 만든 음악을 감상할 수 있습니다. For You, Global Trending, Best of v5 등과 장르별 목록으로 구성되어 있습니다. ② 돋보기 아이콘(검색)을 누르면 다른 사용자가 생성한 음악을 검색할 수 있습니다. 3️⃣ ① 키워드를 입력하고 ② 노래, 크리에이터, 재생목록 중 선택하면 검색됩니다. ③ 이전 화면으로 이동합니다.

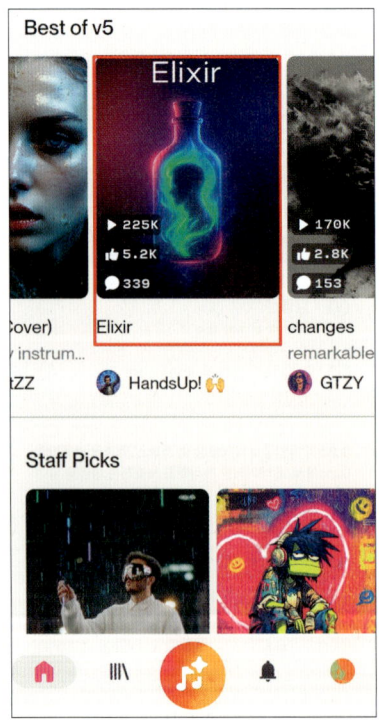
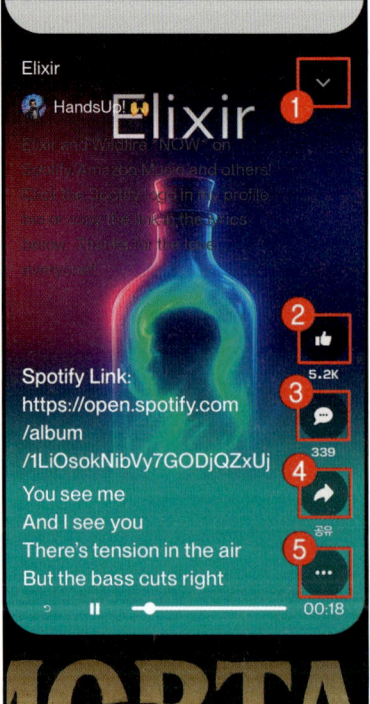
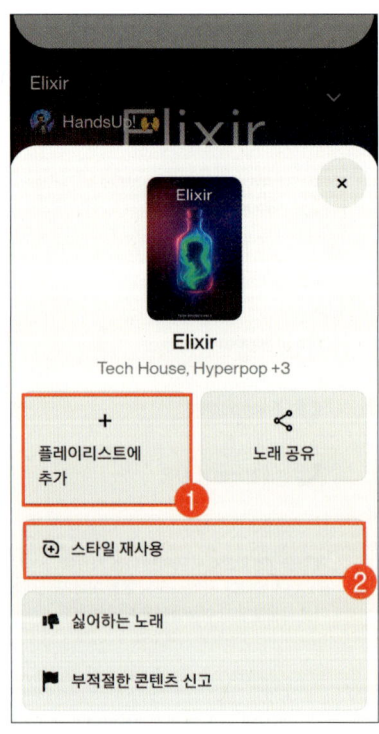

1️⃣ 스크롤하여 듣고 싶은 음악을 터치합니다. 2️⃣ ① 이전 화면으로 이동합니다. ② 엄지척(좋아요)을 누르면 라이브러리의 좋아요 목록에 저장됩니다. ③ 댓글을 작성할 수 있습니다. ④ 링크 복사 및 외부앱으로 공유 ⑤ 플레이리스트 추가, 스타일 재사용 등의 메뉴창이 열립니다. 3️⃣ ① 마음에 드는 노래를 내 음악 목록에 담아두는 기능입니다. ② 이 노래의 분위기와 느낌을 그대로 사용해 새로운 노래를 다시 만들 수 있습니다.

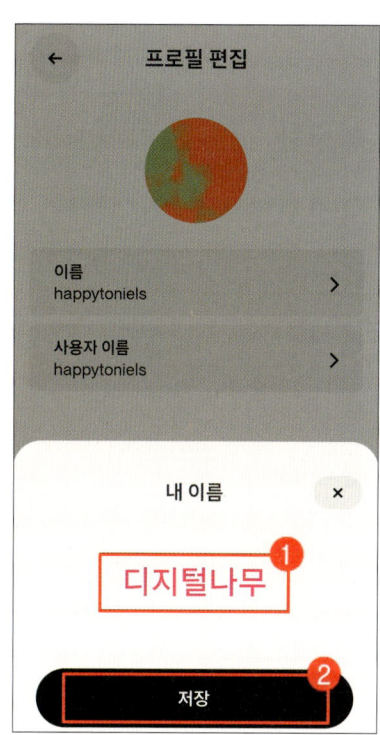

1 ① 하단 메뉴에서 프로필 아이콘을 터치합니다. ② [**프로필 편집**]을 할 수 있습니다. ③ [**프로필 공유**]를 눌러 외부앱에 수노프로필을 공유할 수 있습니다. **2** 프로필 편집을 터치 후 [**이름**]을 터치합니다. **3** ① 열린 창에서 변경할 이름을 입력하고 ② [**저장**]을 터치합니다. 이름은 자유롭게 설정 가능하며 실명, 별명, 활동명 등으로 사용할 수 있고 중복 사용 가능합니다.

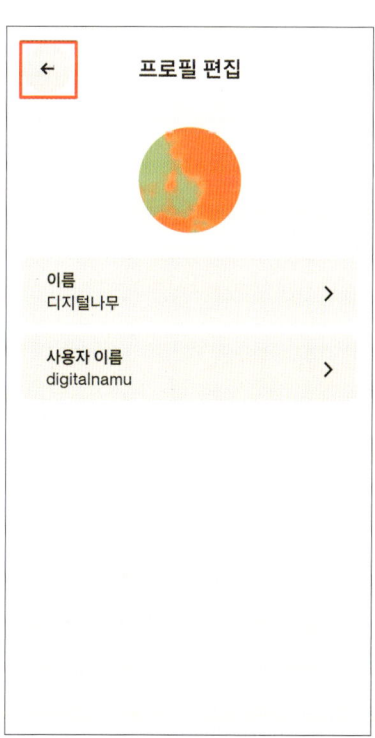

1 ① [**사용자 이름**]을 터치하고 ② 열린 창에 사용자 이름을 입력한 후 ③ [**저장**]을 터치합니다. 크레딧 식별이 필요한 경우 사용자 이름이 기준이 되고, 공백 없이 영어로 작성해야 합니다. **2** [←]을 눌러 프로필 화면으로 이동합니다. **3** 톱니바퀴 모양 [**설정**]을 터치합니다.

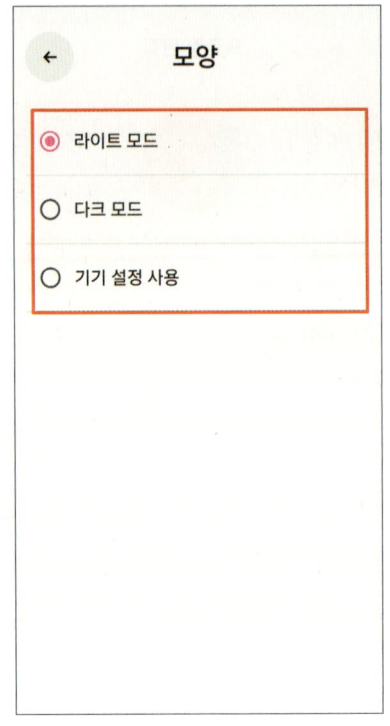

1 ① 수노는 무료 사용자에세 매일 50 크레딧을 제공합니다. 현재 남은 크레딧을 표시합니다. ② [모양]을 터치하면 화면을 라이트모드나 다크모드로 설정할 수 있습니다. ③ [언어]를 터치하면 언어 설정 창이 뜹니다. 언어 변경 시 앱의 메뉴, 버튼, 안내 문구가 선택한 언어로 표시됩니다. ④ 터치하여 계정을 폐쇄할 수 있습니다. **2** 원하는 화면모드를 선택합니다. **3** 원하는 언어를 찾아 선택합니다.

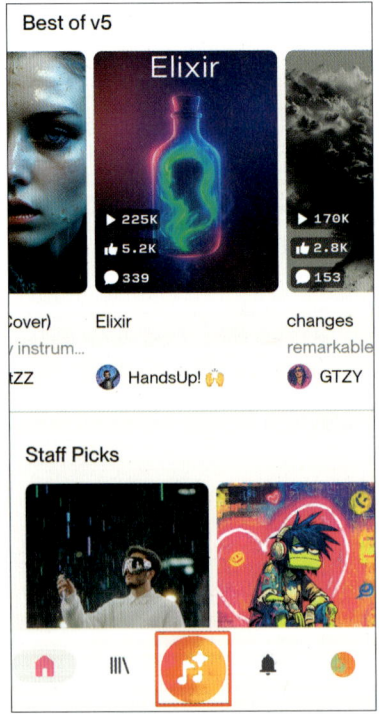
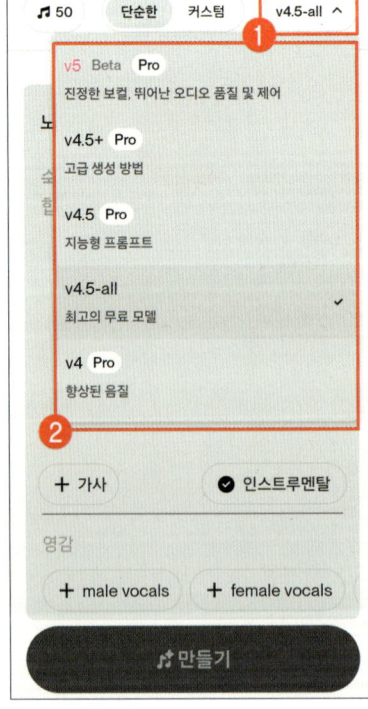
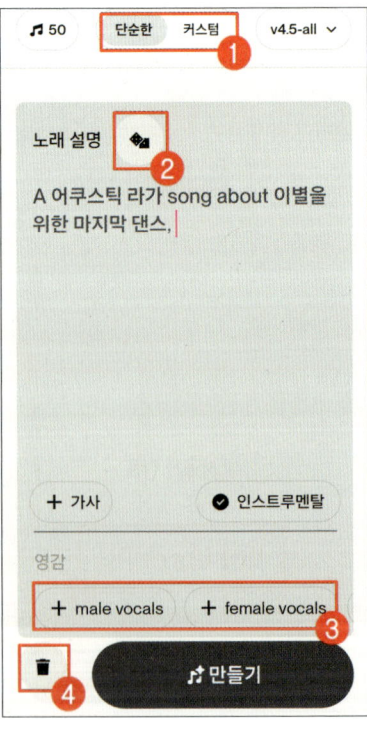

1 [음표 모양]을 터치합니다. **2** ① 수노 버전을 확인하고 ② 유료사용자는 원하는 버전으로 변경할 수 있습니다. **3** ① [단순한]을 선택합니다. ② 랜덤 생성 아이콘(주사위 모양)을 누르면 노래설명이 무작위로 자동 변경 됩니다. ③ 남,녀 목소리나, 장르, 스타일등을 터치하여 노래 설명에 추가할 수 있습니다. ④ 휴지통 아이콘을 누르면 현재 작성중인 노래설명과 설정을 삭제할 수 있습니다.

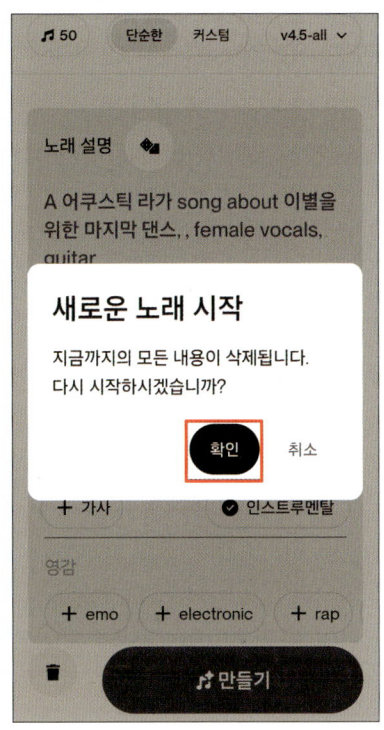
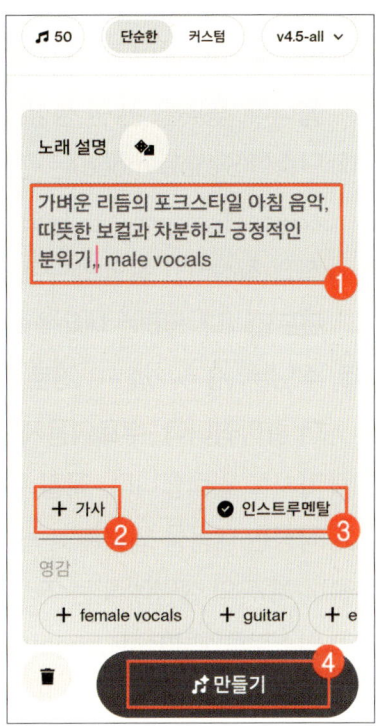

1 [확인]을 터치하면 새롭게 노래설명을 입력할 수 있습니다. 2 ① [노래 설명]을 입력합니다. ② [+가사]를 누르면 커스텀 모드로 전환됩니다. ③ 가사 없는 연주음악을 만들고 싶을 때 터치합니다. ④ [만들기]를 터치하여 음악을 생성합니다. 3 노래 제목을 탭하면 음악이 재생됩니다.

① 무료계정은 매일 50크레딧이 제공되며, 하루가 지나면 다시 충전됩니다. 음악을 한 번 생성할 때마다 10 크레딧이 차감됩니다.

② 단순한(Simple mode)은 간단한 설명만 입력하면 AI가 가사와 음악을 자동으로 생성해주는 모드이고 커스텀(Custom mode)은 가사를 직접 작성하고 음악의 구조와 스타일을 세부적으로 설정할 수 있는 모드입니다. 원하는 내용을 정확히 반영한 음악을 만들 때 사용합니다.

③ 수노는 v3 → v4 → v5로 발전하며, 최신 버전일수록 음악 품질이 더 좋아집니다. 무료이용자는 v4.5-all만 사용가능 합니다.

④ 가사를 입력합니다. 직접 작성해도 좋고, ChatGPT의 도움을 받아 작성한 내용을 입력해도 됩니다.

⑤ ④에 곡의 설명에 맞는 가사를 수노AI가 생성합니다.

⑥ 인스트루멘탈(Instrumental)을 보컬없이 악기만으로 구성된 음악을 생성하고자 할 때 선택합니다.

⑦ 가사입력 화면을 전체화면으로 전환합니다.

⑧ 음악의 분위기, 장르, 느낌을 글로 입력하는 영역입니다.

⑨ 주사위 모양 아이콘을 누르면 랜덤하게 스타일들이 추가 됩니다.

⑩ 좌우로 스크롤하여 원하는 스타일을 터치하면 노래 설명 부분에 추가 됩니다.

⑪ 노래제목을 입력합니다.

⑫ 모든 내용을 입력한 후 [만들기]를 눌러 음악을 생성합니다. 수노는 음악을 한 번 생성할 때 기본으로 2개의 음악을 생성합니다. 무료 사용자의 경우 v5 샘플음악 2개가 추가로 생성됩니다.

● ChatGPT로 가사 생성 시 예시

– 사랑하는 친구 [김명선]의 생일 축하곡을 만들거야. 기본 송품에 맞춰서 노래 가사를 작성해줘

– 애니메이션 OST로 쓰일 만한 웅장한 오케스트라 발라드를 만들고 싶어. 여성보컬이 파워풀하면서도 감성적으로 부르고 후반부에 코러스가 추가되는 구성

● 음악스타일 종류

– 음악 스타일은 클래식, 재즈, 발라드, 트로트, 팝, 뉴에이지, 댄스, 힙합, 락, ,R&B, K-pop, 컨트리, 블루스, 오케스트라, 레게, 랩, 일레트레닉,

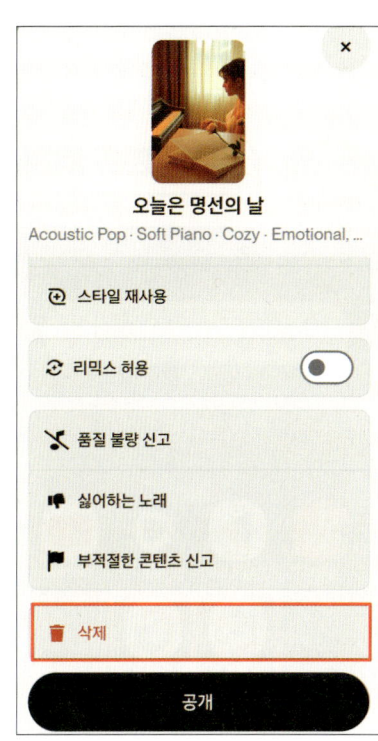

1 ① 책꽂이 모양의 라이브러리 아이콘을 누르면 내가 저장한 음악, 좋아요한 곡, 생성한 음악을 모아 볼 수 있습니다. ② 노래 제목을 터치하면 음악이 재생됩니다. ③ [점 세개]를 터치합니다. **2** ① 플레이리스트에 추가할 수 있고 ② 외부앱으로 음악을 공유할 수 있습니다. ③ [스타일 재사용]을 누르면 같은 가사, 스타일로 새로운 음악을 만들 수 있습니다. **3** 스크롤하여 [삭제]를 누르면 음악을 삭제할 수 있습니다.

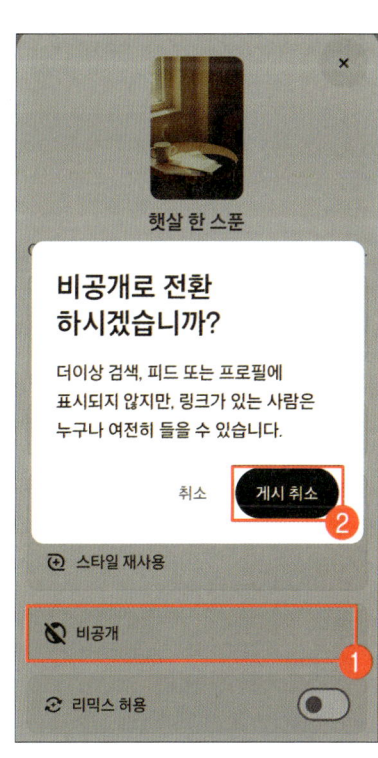

1 [공개]버튼을 터치하면 음악을 공개할 수 있습니다. **2** ① 노래 제목도 수정할 수 있고 ② 캡션도 입력하고 ③ [게시]버튼을 누르면 다른 사용자가 재생할 수 있도록 공개됩니다. **3** 게시를 취소하고 싶으면 [비공개]를 터치하고 열린 창에서 [게시 취소]버튼을 터치합니다.

구글 렌즈 제대로 활용하기

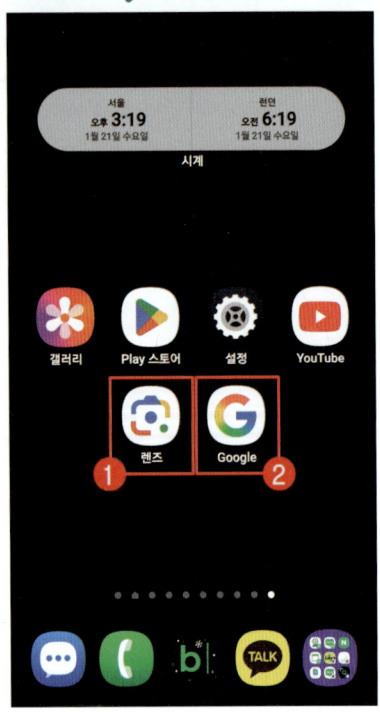  

1 구글 플레이 스토어에서 [**구글 렌즈**] 앱을 설치하여 사용할 수 있으며 ② 앱을 설치하지 않고 [**Google**] 앱으로 진행하겠습니다. **2** 구글 앱 첫 화면에서 [**렌즈**] 아이콘을 터치합니다. **3** [**카메라 열기**]를 터치합니다.

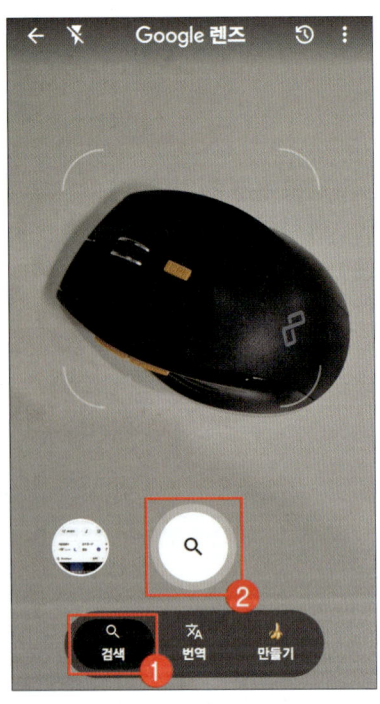 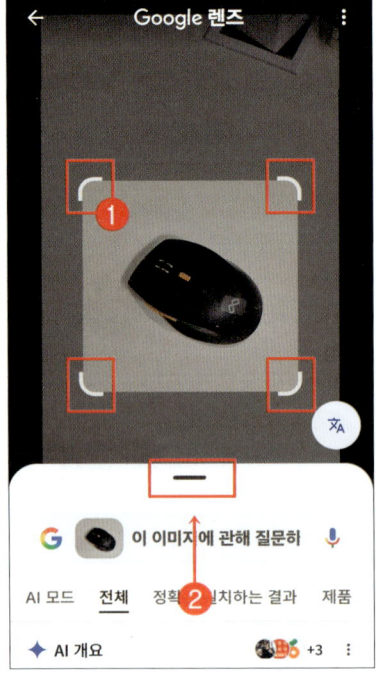 

1 정보가 궁금한 물체를 검색하고자 한다면 하단 메뉴에서 ① [**검색**]을 터치합니다. 카메라에 물체가 잘 보이게 조정한 후 ② [**검색 버튼**]을 터치합니다. **2** ① 검색할 물체의 모서리를 조절합니다. ② 하단에 검색 정보를 위로 드래그하여 확인할 수 있습니다. **3** 이번엔 텍스트 추출을 위해 ① [**검색**]을 터치하고 ② 추출하고 싶은 자료를 촬영합니다.

 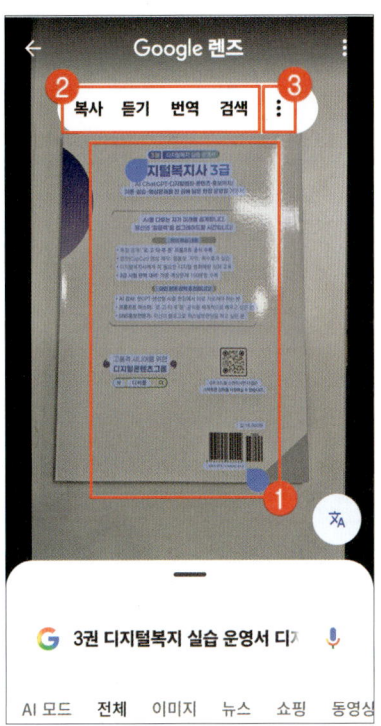 

☐1 촬영 후 [**텍스트 선택**]을 터치합니다. ☐2 ① 텍스트에 청색 블록이 생기는데 물방울을 이동하여 원하는
부분만 선택 가능하며 ② 선택한 텍스트를 복사, 음성으로 듣기, 다른 언어로 번역, 텍스트안에 링크 등을 검색
할 수 있습니다. ③ [**더보기**] 아이콘을 터치합니다. ☐3 [**컴퓨터로 복사**]를 터치합니다.

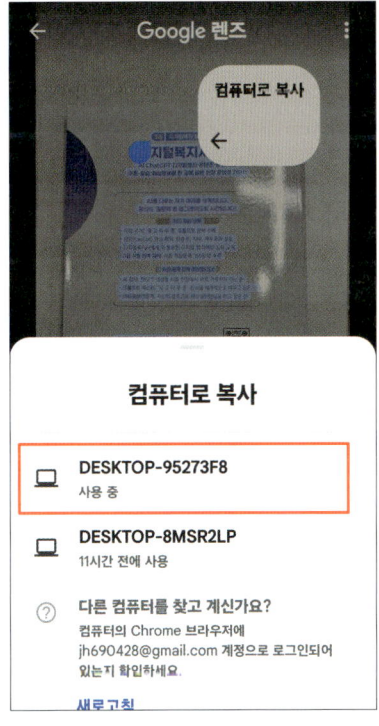 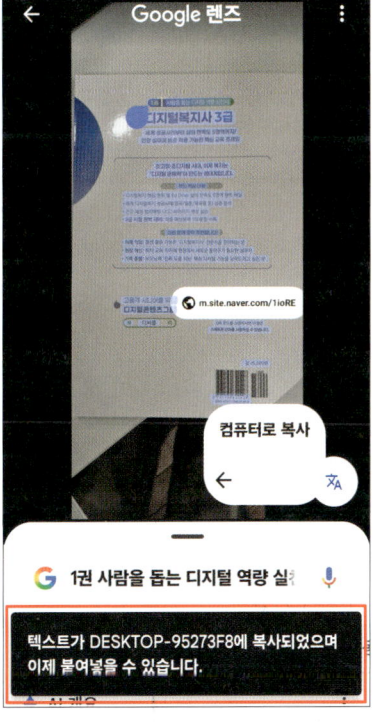

☐1 주변의 컴퓨터가 검색되고 크롬 브라우저의 계정이 모바일과 같다면 바로 복사할 수 있습니다. 사용 중인
컴퓨터를 터치합니다. ☐2 컴퓨터에 텍스트가 복사되어 [**Ctrl+V**]로 메모장이나 한글 파일에 붙여넣기 할 수
있습니다.

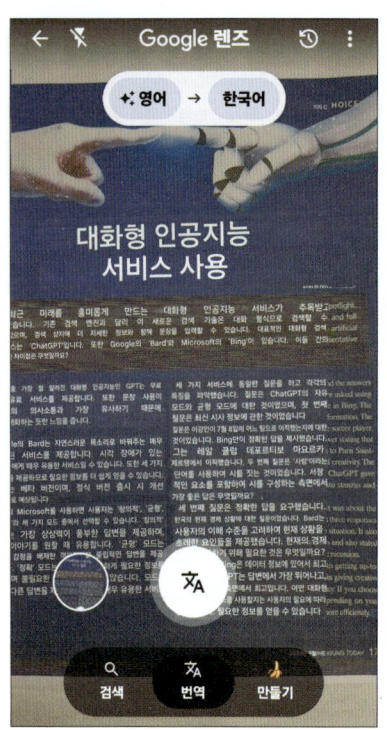

1️⃣ 이번에는 하단 메뉴에서 ① [번역]을 터치합니다. ② 카메라 화면에 번역 언어를 한국어로 바꿔주고 영어 서류에 카메라를 가져가면 2️⃣ 영어가 실시간 번역된 내용을 확인할 수 있습니다. (번역된 내용을 촬영하여 위에 텍스트 선택과 같은 방법으로 복사, 듣기, 검색 등을 할 수 있습니다)

1️⃣ 이번에는 하단 메뉴에서 ① [만들기]를 터치합니다. ② 최근 촬영한 사진을 가져다 편집할 수 있으며 ③ 카메라 전면 후면을 선택할 수 있습니다. ④ 편집하고 싶은 물체를 촬영합니다. 2️⃣ 구글 AI 이미지 편집 화면으로 이동합니다. ① 편집하고 싶은 내용을 입력하고 ② 실행 버튼을 터치합니다. 3️⃣ ① 추가 편집을 위해 명령어를 입력할 수 있고 ② 다른 사이트로 공유할 수 있으며 ③ 이미지를 다운로드할 수 있습니다.

부모님 세대의 성공적인 재도약을 위한 취직 및 이직 성공 가이드

14강 인공지능(AI)을 활용한 이력서 및 자기소개서 완성

인공지능(AI) 도구를 활용하면 좋은 이유

1 효율적인 시간 관리와 노력 절감

취업 준비 과정의 가장 큰 어려움 중 하나는 자기소개서 작성입니다. 이는 많은 시간과 노력이 필요하며, 특히 처음작성하는 사람들에게는 더욱 부담스러운 작업이 될 수 있습니다.

자기소개서는 개인의 경력과 역량을 효과적으로 전달하는 도구인 만큼 완성도 높은 결과물이 요구되는데, 인공지능(AI)은 이를 단시간에 구현할수있는 강력한 도구로 자리 잡았습니다.

필요한 정보를 기반으로 구조화된 내용을 신속히 생성하여 작성 시간을 대폭 단축해 줍니다.

이는 효율적으로 취업 준비를 진행할 수 있는 유용한 도구로, 직장인들에게도 큰 장점이 됩니다. 과거의 경험을 정리하는 것뿐만 아니라 다양한 직무별 커스터마이징된 자기소개서를 작성할 때도 인공지능(AI)은 많은 시간과 노력을 절약할 수 있게 돕습니다.

2 직무 맞춤형 자기소개서 작성 지원

인공지능(AI)은 지원 직무에 따라 자기소개서를 맞춤화할 수 있는 능력을 갖추고 있습니다.

사용자가 제공하는 정부를 바탕으로 직무 요구 사항에 최적화된 자기소개서를 작성함으로써 면접 기회를 높이는 데 기여합니다. 특히 채용 공고에서 요구하는 기술이나 역량을 정확히 반영하여 작성된 자기소개서는 다른 지원자들 사이에서 차별화를 이룰 수 있습니다.

AI는 자연스러운 문장 생성 능력으로 개인의 역량을 효과적으로 전달할 수 있으며, 적절한 형식과 문구를 추천하여 자기소개서 작성 과정의 부담을 줄여 줍니다. 예를 들어, IT 직군 지원자에게는 기술 스펙을 강조하는 구조를, 마케팅 직군 지원자에게는 프로젝트 중심의 경험 서술을 제안할 수 있습니다.

3 성과 중심 문장 작성 지원

자기소개서 작성의 주요 어려움 중 하나는 자신의 기술과 성과를 적절한 문구로 표현하는 것입니다. 인공지능(AI)은 명확하고 전문적인 문구를 제안하여 사용자가 자신의 역량을 효과적으로 전달할 수 있도록 돕습니다. 이러한 문구는 채용 담당자가 이해하기 쉽고 명료하며, 지원자의 가치를 강조하는 데 초점을 맞춥니다. 예를 들어, "프로젝트 관리 능력을 통해 팀 생산성을 25% 향상했습니다"와 같은 구체적이고 성과 중심적인 문구를 추천함으로써 채용 담당자에게 강렬한 인상을 남길 수 있도록 지원합니다.

 **인공지능(AI)을 활용한 자기소개서 작성 단계별 가이드**

● **1단계 :** 자기소개서 준비를 위한 핵심 정보 수집

인공지능(AI) 도구를 효과적으로 활용하려면 다음 정보를 미리 준비하는 것이 중요합니다.

- **개인 정보** : 이름, 연락처, 이메일 등
- **학력** : 학위 및 학업 성취
- **경력**: 직책, 회사명, 근무 기간 등
- **기술 및 자격증**
- **성과 및 수상**

이러한 정보를 체계적으로 정리하면 보다 정확하고 관련성 높은 자기소개서를 생성할 수 있습니다. 또한 사전 정보를 명확히 준비하는 과정은 지원자가 자신의 경험과 성과를 재조명하는 기회가 되기도 합니다. 인공지능(AI)이 제공할 결과물의 품질을 좌우하기 때문에 이 단계는 매우 중요합니다.

● **2단계 :** 효과적인 자기소개서 구조 설계하기

잘 구성된 자기소개서는 읽는 사람에게 강렬한 첫인상을 남깁니다. 일반적으로 다음과 같은 형식을 따르는 것이 좋습니다.

- **헤더** : 이름, 연락처, 이메일, 개인 SNS 등
- **전문 요약** : 기술과 경험을 간략히 소개
- **경력** : 직무 명, 회사명, 주요 성과
- **학력** : 학업 관련 정보
- **기술** : 직무와 관련된 기술 목록
- **추가 섹션** : 자격증, 수상, 봉사 활동 등

인공지능(AI)을 활용해 이 형식에 맞는 템플릿을 생성할수 있습니다.기본구조는 자기소개서의 가독성을 높이고, 중요한 정보를 빠르게 전달할 수 있도록 돕습니다.

● **3단계 :** 자기소개서 섹션별 작성 노하우

① **전문 요약**

인공지능(AI) 도구를 활용해 간결하고 임팩트 있는 전문 요약을 작성합니다. 이 섹션은 지원자가 가진 핵심 역량을 강조하는 공간으로, 채용 담당자가 처음으로 접하게 되는 내용이기 때문에 매우 중요합니다.

프롬프트 예시 "디지털 마케팅 전문가로서 20년 경력을 바탕으로 작성된 전문 요약을 제시해 주세요."

② **경력 섹션**

경력은 단순히 역할을 나열하는 것보다 성과 중심으로 작성해야 합니다. 인공지능(AI)은 직무와 연관된 경험을 효과적으로 구성할 수 있는 문구를 제안합니다.

프롬프트 예시 "고객 만족도를 20% 향상한 경험을 포함한 경력 섹션을 작성해 주세요."

③ **기술 섹션**

직무에 맞는 기술을 상세히 나열합니다. 인공지능(AI)은 직무 요구 사항에 맞는 기술 목록을 작성하는 데 유용합니다.

프롬프트 예시 "데이터 분석가 직무에 맞는 기술 목록을 작성해 주세요."

● **4단계 : 자기소개서를 직무별로 최적화 하는 방법**

작성된 자기소개서를 각 구직 활동에 맞게 조정하는 과정이 필요합니다. 직무 설명에 맞춰 키워드와 구체적인 내용을 추가하여 자기소개서를 최적화합니다. 예를 들어, 프로젝트 관리 직무에 지원한다면 "애자일 프로젝트 관리" 또는 "팀 협업"과 같은 키워드를 강조할 수 있습니다.

● **5단계 : 검토 및 수정**

초안 작성 후 반드시 검토와 수정 과정을 거쳐야 합니다. 문법, 표현, 포맷 등을 확인하며, 인공지능(AI)의 도움을 받아 수정 요청을 할 수 있습니다. 이를 통해 보다 완성도 높은 자기소개서를 작성할 수 있습니다.

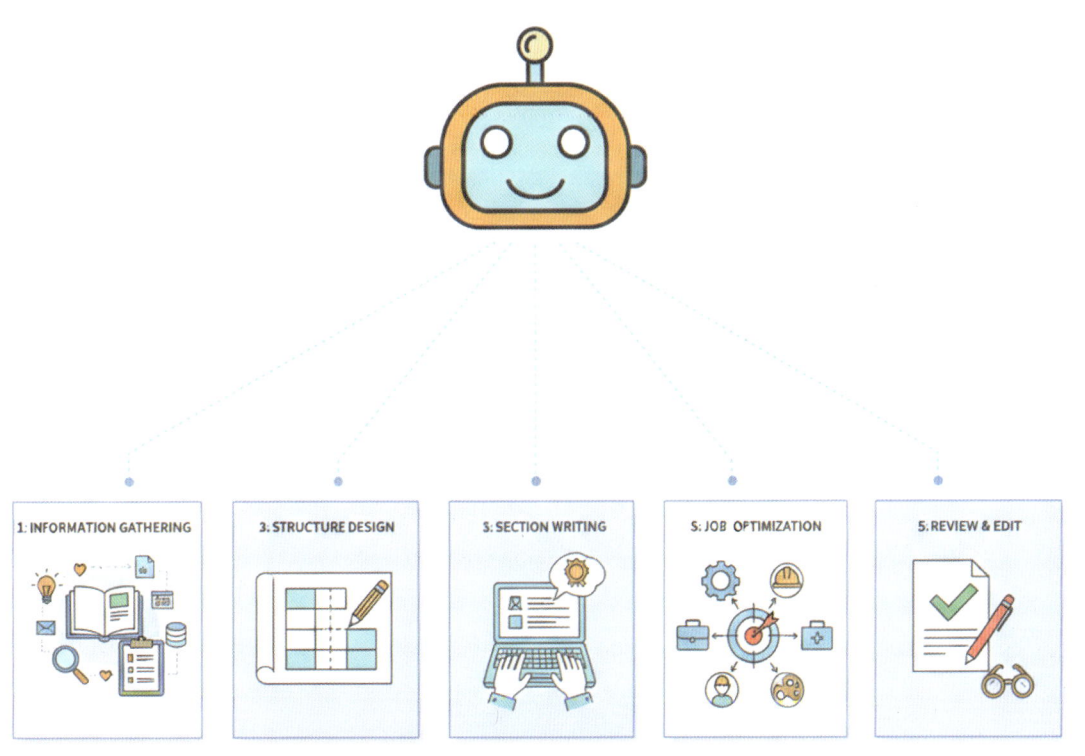

| 1: INFORMATION GATHERING | 3: STRUCTURE DESIGN | 5: SECTION WRITING | 5: JOB OPTIMIZATION | 5: REVIEW & EDIT |

 인공지능(AI) 활용 팁

1 효과적인 프롬프트 작성 요령

프롬프트에 직무, 산업, 핵심 기술 등을 구체적으로 명시하면 더욱 정확한 결과를 얻을 수 있습니다. 예를 들어, "디지털 마케팅 직무에 지원하는 자기소개서를 작성해 주세요"와 같이 명확한 지시를 포함해야 합니다.

2 창의적인 프롬프트 활용 전략

첫 결과가 만족스럽지 않더라도 다양한 프롬프트를 시도해 최적의 결과를 도출합니다. 이 과정에서 새로운 아이디어를 얻을 수도 있습니다.

3 이메일 작성의 AI 활용법

인공지능(AI)은 자기소개서뿐만 아니라 이메일 작성에도 유용합니다. 지원자가 자신을 소개하고 해당 직무에 왜 적합한지 설명하는 중요한 문서로, 인공지능(AI)은 이를 작성할 때 간결하고 강렬한 첫인상을 남길 수 있는 문구를 생성하는 데 도움을 줍니다. 예를 들어, 사용자는 "이 포지션에서 제가 어떤 가치를 제공할 수 있는지 강조하는 이메일 초안을 작성해 주세요"라는 프롬프트를 통해 더 전문적이고 설득력 있는 내용을 받을 수 있습니다.

 **15강 뤼튼(wrtn) 활용**

뤼튼 이란?

뤼튼(wrtn)은 복잡한 기술 지식이 없어도 누구나 쉽고 편리하게 인공지능의 도움을 받을 수 있도록 설계된 AI 기반의 지능적인 소통형 파트너입니다.

문법과 표현 교정은 물론, 아이디어 생성과 문서 구성 제안, 주제에 맞는 상담과 안내까지 다양한 방식으로 사용자를 돕습니다.

대화하듯 자연스럽게 질문하고 답변을 주고받을 수 있어, 시니어나 인공지능에 익숙하지 않은 사람도 부담 없이 사용할 수 있습니다. 또한 한국어를 자연스럽게 이해하여 뉴스, 생활 정보, 행정 안내문 등 일상에서 자주 접하는 내용을 알기 쉽게 정리해 줍니다.

뤼튼은 각 사용자에게 맞춤형 도움을 제공함으로써 학습과 업무, 일상생활에서 겪는 어려움을 효과적으로 해결해 주는 생활 밀착형 인공지능 비서입니다.

뤼튼 설치하기

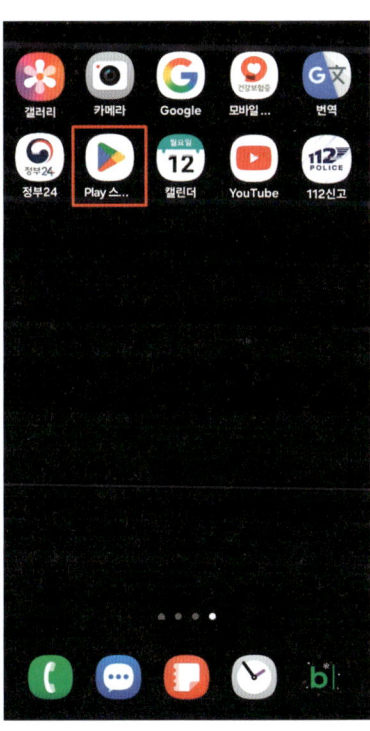
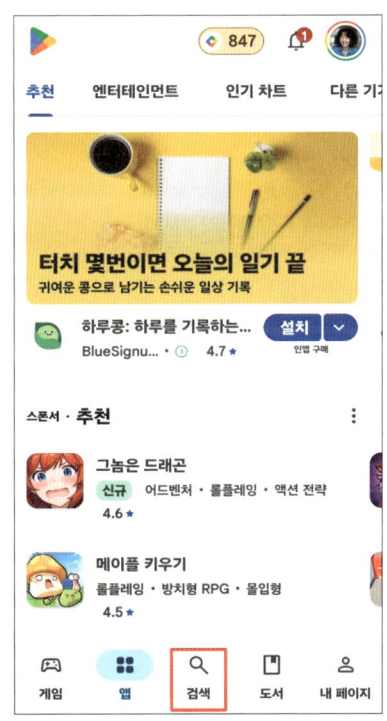
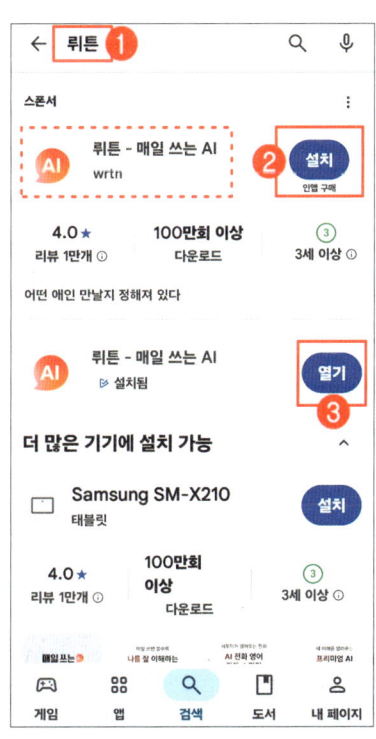

1️⃣ 구글 [Play스토어]를 터치합니다.

2️⃣ 화면 하단의 [검색]을 터치합니다.

3️⃣ ① 화면 상단 검색창에 [뤼튼]을 검색합니다. ② 앱 아이콘 모양이 맞는지 확인 후 [설치]를 터치합니다.

③ 설치가 끝나면 [열기]가 표시되고 [열기]를 터치하면 뤼튼 앱이 바로 실행됩니다.

 **뤼튼 구글 계정으로 가입하기**

  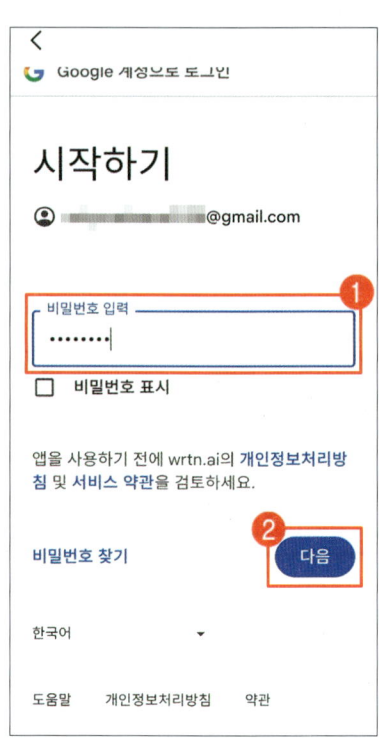

1 뤼튼을 사용하기 위해 먼저 로그인 화면에서 [**구글 계정으로 로그인**]을 터치합니다. 별도의 회원가입 없이 평소 사용하던 구글 계정을 이용할 수 있어 편리합니다. **2** ① [**구글 이메일 주소**]를 입력한 후 ② [**다음**]을 터치합니다. **3** 이어서 ① [**비밀번호**]를 입력 후 ② [**다음**]을 터치합니다.

 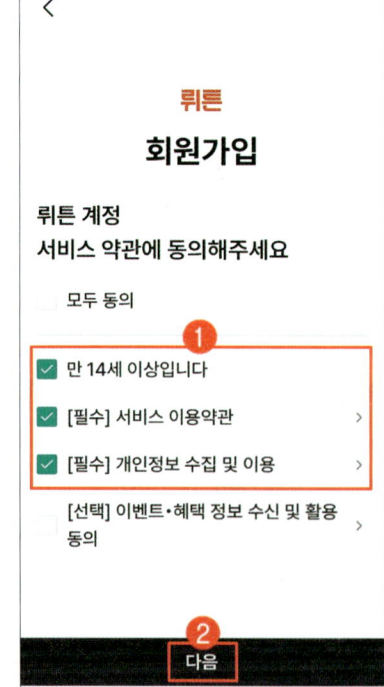 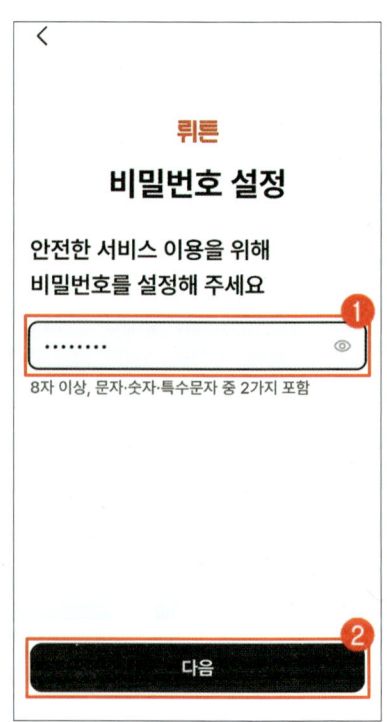

1 구글 계정 정보 제공에 동의하는 화면입니다. 확인 후 오른쪽 하단의 [**계속**]을 터치합니다.

2 회원가입을 위한 ① [**필수 항목을 체크**]한 후 ② 하단의 [**다음**]을 터치합니다.

3 ① 안내에 따라 [**비밀번호**]를 입력한 후 ② 하단의 [**다음**]을 터치합니다.

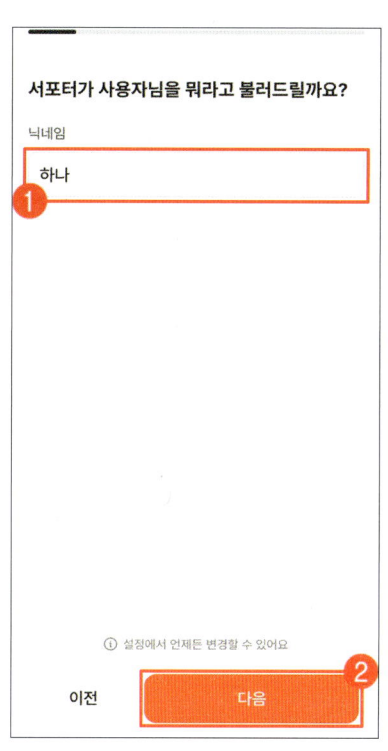

1 뤼튼을 처음 실행하면 보이는 시작 화면입니다. 하단의 **[시작하기]**를 터치합니다.

2 ① 닉네임을 입력하고 하단의 **[다음]**을 터치합니다.

3 이어서 ①,② 질문에 대한 해당 항목을 선택한 후 하단의 **[다음]**을 터치합니다.

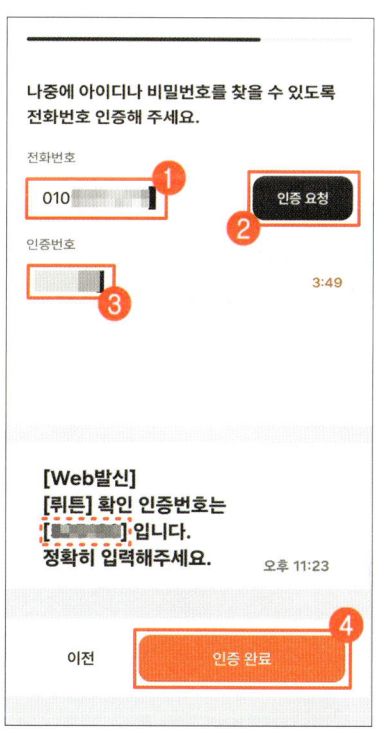

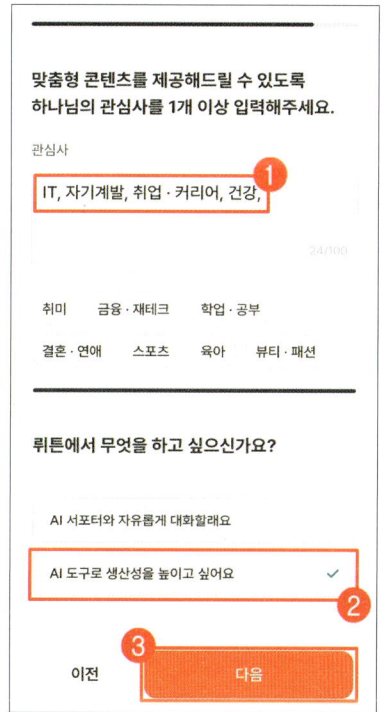

1 뤼튼 이용을 위해 휴대전화 번호 인증을 진행합니다. ① **[번호를 입력]**한 후 ② **[인증 요청]**을 하면 문자
로 **[인증번호가 전송]**됩니다. ③ 수신한 **[인증번호를 입력]**하고 ④ 화면 하단의 **[인증 완료]**를 터치합니다.

2 ① 관심있는 주제와 ② 하고 싶은 일을 선택한 뒤 화면 하단의 ③ **[다음]**을 터치하면 **3** 뤼튼의 주요 기능
을 확인하고 바로 사용을 시작할 수 있습니다.

● 이미지 활용 예시 ❶

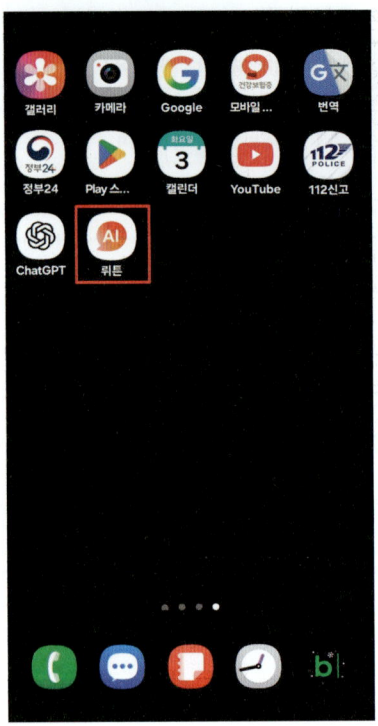

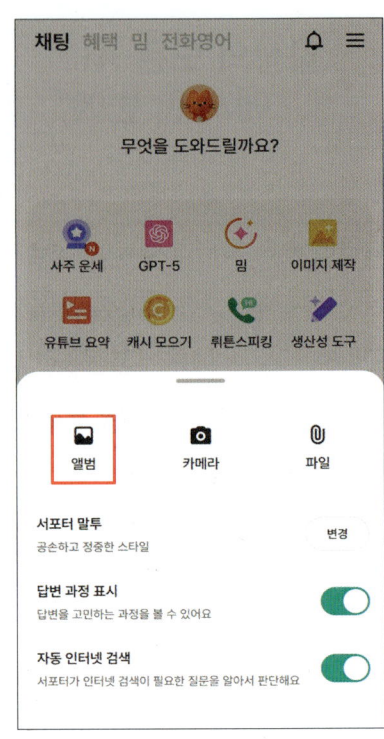

1 스마트폰 화면에서 [**뤼튼**] 앱 아이콘을 터치합니다. **2** 화면 하단 왼쪽에 [**더하기 +**] 터치한 후 **3** [**앨범**]을 터치합니다. 앨범을 처음 사용할 경우 사진 사용을 위한 접근 권한 안내가 표시됩니다. 이때 [**모두 허용**]을 터치합니다.

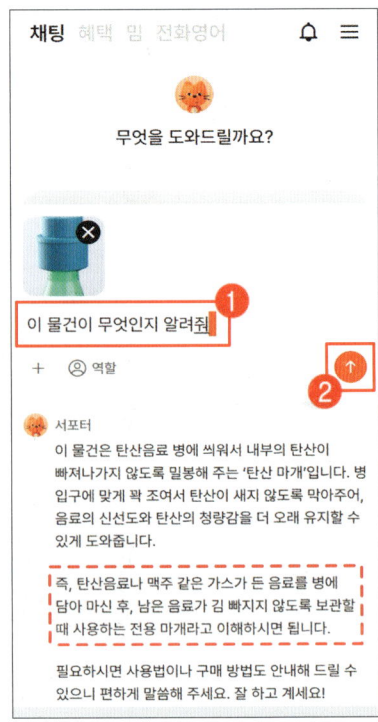

1 앨범을 처음 사용할 경우 사진 사용을 위한 접근 권한 안내가 표시됩니다. 이때 [**모두 허용**]을 터치합니다. **2** 앨범이 열리면 사진 목록 화면에서 첨부할 ① [**사진**]을 선택한 후 화면 오른쪽 하단의 ② [**완료**]를 터치합니다. **3** ① 사진이 첨부된 상태에서 입력창에 [**명령어(prompt)**]를 작성하고 ② 오른쪽 [**화살표**]를 터치하여 전송합니다. 뤼튼은 입력된 명령어를 바탕으로 사진속 물건의 용도에 대해 자세히 설명해 줍니다.

● 이미지 활용 예시 ❷

1 화면 하단 왼쪽에 [**더하기 +**]를 터치한 후 **2** [**앨범**]을 터치합니다. **3** 앨범이 열리면 사진 목록 화면에서 첨부할 ① [**사진**]을 선택한 후 화면 오른쪽 하단의 ② [**완료**]를 터치합니다.

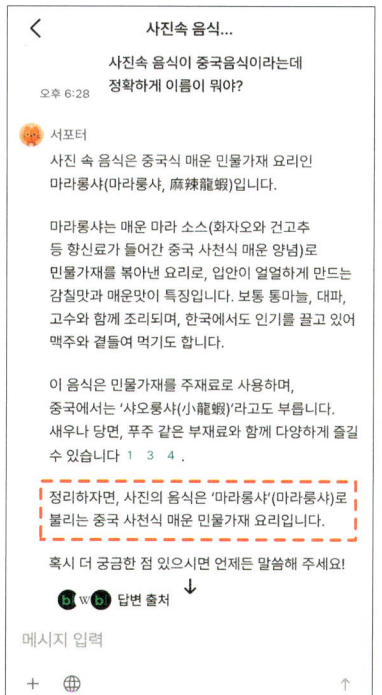
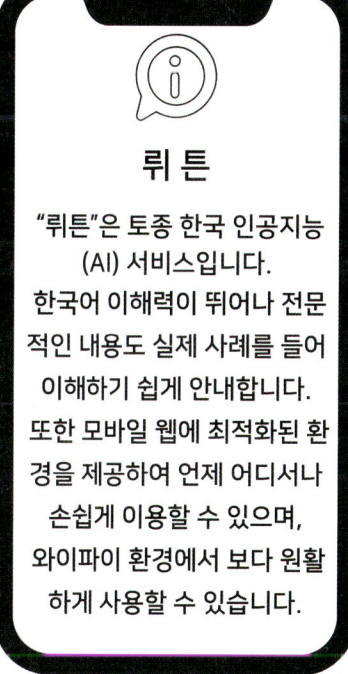

1 ① 사진이 첨부된 상태에서 입력창에 [**명령어(prompt)**]를 작성하고 ② 오른쪽 [**화살표**]를 터치하여 전송합니다. **2** 뤼튼은 입력된 명령어를 바탕으로 사진속 음식의 이름과 주재료까지 자세히 설명해 줍니다. 이렇게 사소하지만 궁금하거나, 직접 물어보기 민망한 질문도 사진을 찍어 뤼튼에 올리면 손쉽게 답변을 받을 수 있습니다.

● 역할 설정 및 파일 첨부

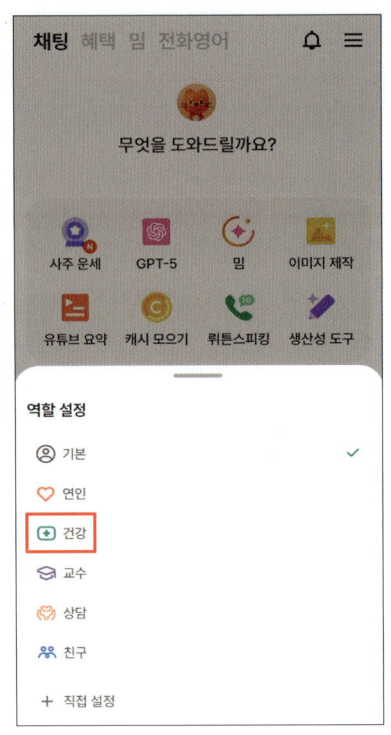

1️⃣ 화면 하단 [역할] 아이콘을 터치합니다. 2️⃣ 역할 설정 화면에서 원하는 답변 방식을 선택할 수 있습니다. 답변 목적에 맞게 [역할(건강)]을 선택합니다. 3️⃣ 이제 뤼튼은 건강 관련 상담자 역할로 작동합니다. 이로 인해 건강과 관련된 질문을 할 때 보다 적합한 답변을 받을 수 있습니다. 화면 하단 왼쪽에 [더하기 +]를 터치합니다.

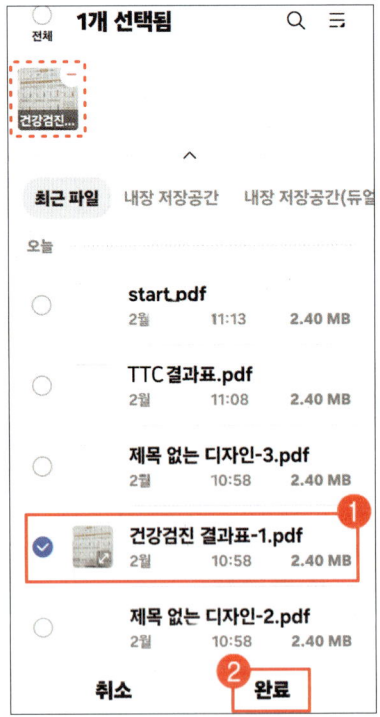
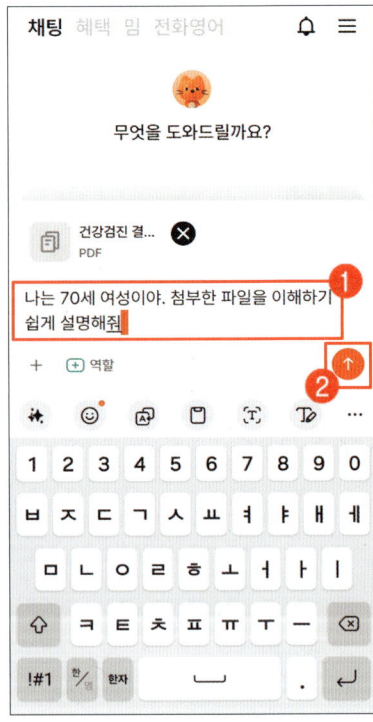

1️⃣ 오른쪽 [파일] 아이콘을 터치하면 2️⃣ 휴대전화에 저장된 파일 목록이 표시됩니다. ① 설명받고 싶은 PDF [파일을 선택]한 후 ② [완료]를 터치합니다. 3️⃣ ① 선택한 파일이 첨부된 상태에서 입력창에 [명령어 (prompt)]를 작성하고 ② 오른쪽 [화살표]를 터치하여 전송합니다.

● 같은 질문 다른 답변, 다시 답변받기

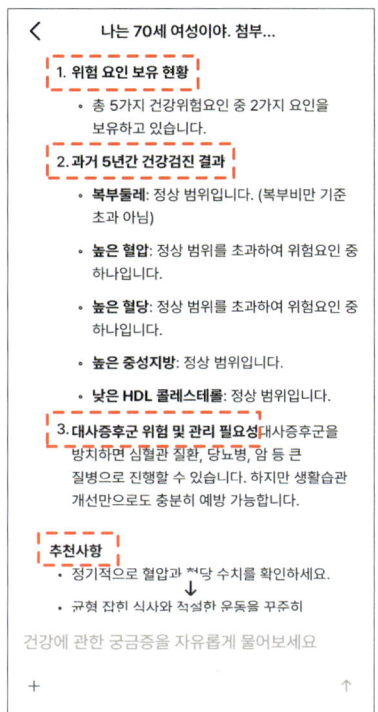
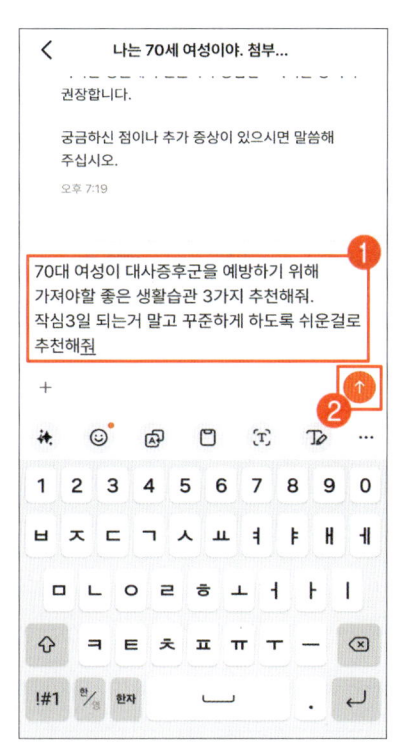
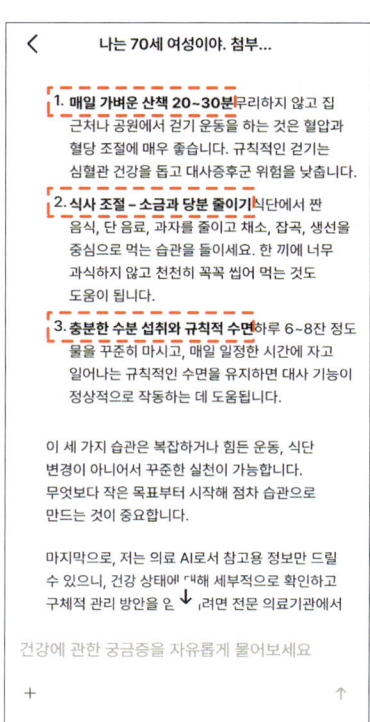

1️⃣ 부여받은 역할에 맞게 답변을 제공하며, 중요한 내용은 항목별로 나누어 표시되어 한눈에 이해할 수 있습니다.
2️⃣ 이어서 ① 추가할 내용을 [명령어]로 입력하고 ② 오른쪽의 [화살표]를 터치하여 전송합니다. 3️⃣ 뤼튼은 명령어에 따라 꾸준히 실천할 수 있는 맞춤형 건강 습관을 제시합니다.

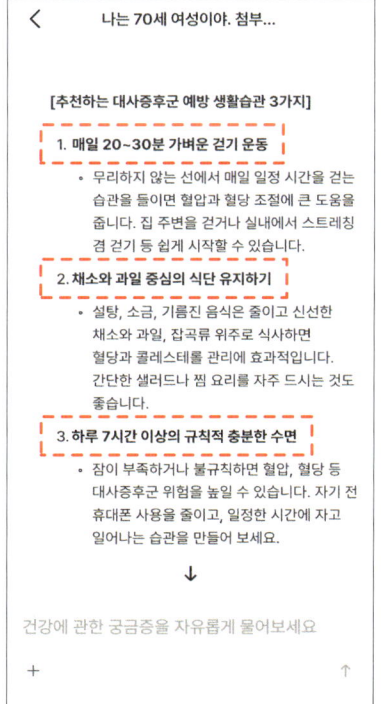
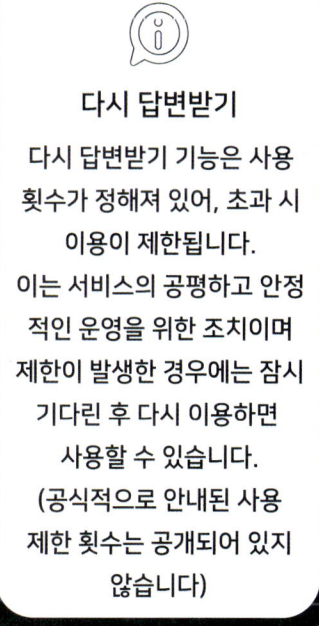

1️⃣ ① 답변 화면을 길게 터치하면 메뉴가 나타나며, 복사나 저장, 다시 답변받기 기능을 사용할 수 있습니다.
② 이번 예시에서는 [다시 답변받기]를 터치합니다. 2️⃣ 앞서 받은 답변과는 다른 내용이 항목별로 정리되어 제공되는 것을 확인할 수 있습니다.

●실시간 정보, 인터넷 검색

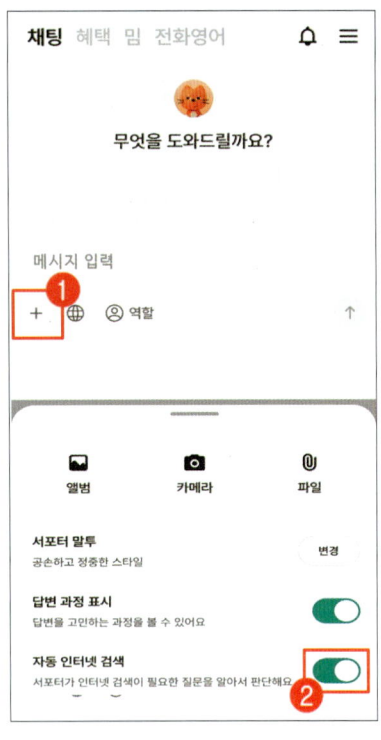  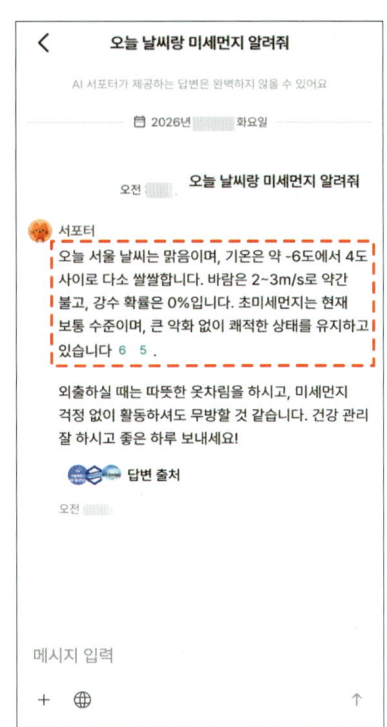

1 ① 화면 하단의 [**더하기 +**] 아이콘을 터치하면 ② [**자동 인터넷 검색 기능**]을 설정할 수 있습니다. **2** 예시와 같이 ① 입력창에 최신 정보 확인이 필요한 [**명령어(prompt)**]를 작성하고 ② 오른쪽 [**화살표**]를 터치하여 전송합니다. **3** 이와 같이 변동되는 정보는 인터넷 검색 기능을 통해 최신 정보로 안내받을 수 있습니다.

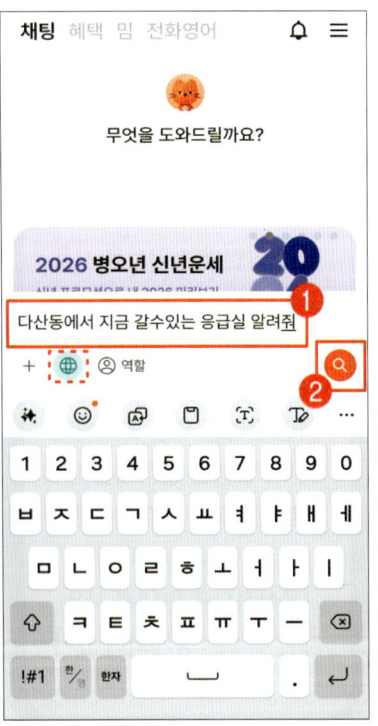 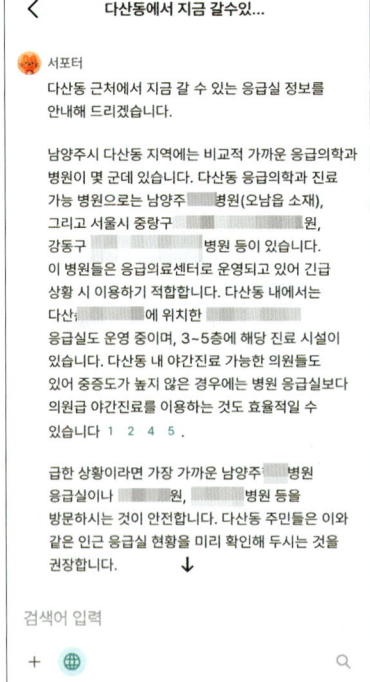 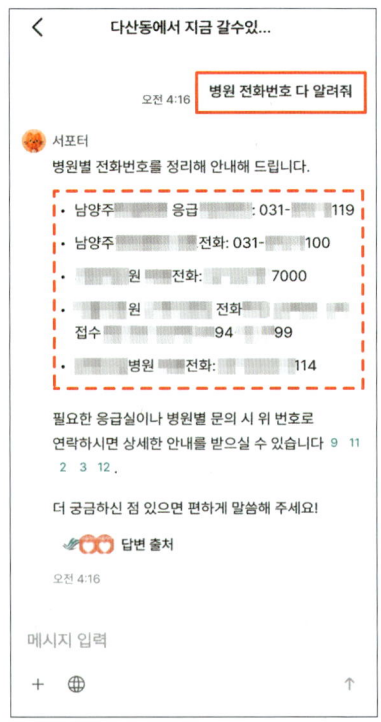

1 화면 하단의 [**지구(인터넷 검색)**] 아이콘을 터치한 후 ① 입력창에 실시간 정보가 필요한 [**명령어 (prompt)**]를 작성하고 ② 오른쪽 [**화살표**]를 터치하여 전송합니다. **2** 뤼튼은 사용자의 명령에 따라 인터넷 검색 기능을 통해, 현재 이용 가능한 응급실 정보를 정리하여 제공합니다. 정확성과 최신성이 중요한 질문은 자동 검색이 설정되어 있더라도 지구본 아이콘을 직접 켜 검색 모드로 설정하면 더 정확한 답변을 받을 수 있습니다.

● 글보다 빠른 소통, 밈 활용

1 스마트폰 화면에서 [**뤼튼**] 앱 아이콘을 터치합니다. **2** ① 화면 상단 메뉴에서 [**밈**]을 터치합니다. ② 밈 메뉴 중 [**무료**]를 터치합니다. ③ 오늘 무료로 제공되는 [**밈을 터치**]합니다. **3** 앨범이 열리면 밈 제작에 사용될 [**사진을 터치**] 합니다.

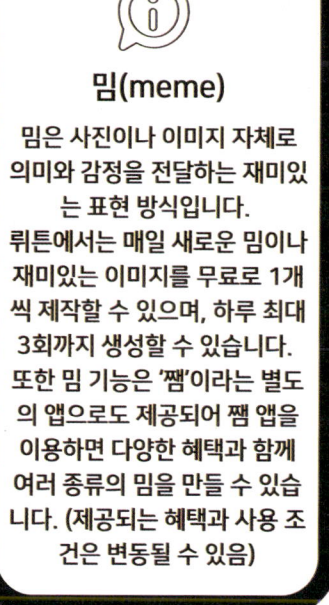

1 ① 선택한 사진의 모서리를 터치하여 크기를 조정합니다. 필요에 따라 화면에 맞게 이동하거나 확대·축소한 후 ② 하단의 [**완료**]를 터치합니다. **2** 생성 결과를 확인한 후 [**저장하기**]를 터치하면 완성된 밈이 스마트폰 갤러리에 저장됩니다. 저장된 장된 밈은 메시지 카드나 다양한 상황에서 가족·지인들에게 활용할 수 있습니다.

● 전화로 만나는 영어 선생님, 뤼튼 스피킹

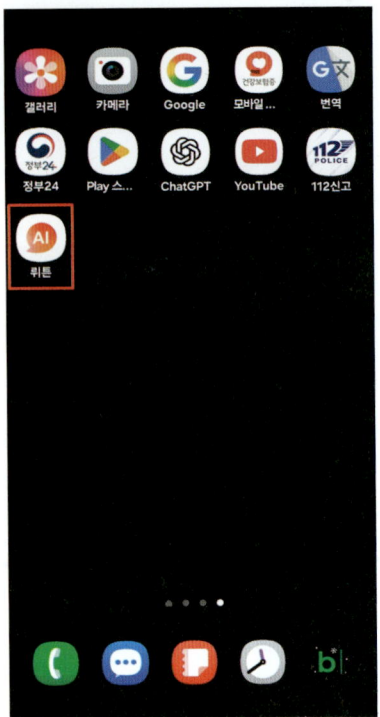  

① 스마트폰 화면에서 [뤼튼] 앱 아이콘을 터치합니다. ② 뤼튼 홈 화면에서 [뤼튼 스피킹] 메뉴를 터치합니다. ③ 뤼튼 스피킹 시작 화면에서 안내 문구를 확인한 후 [바로 시작하기]를 터치합니다.

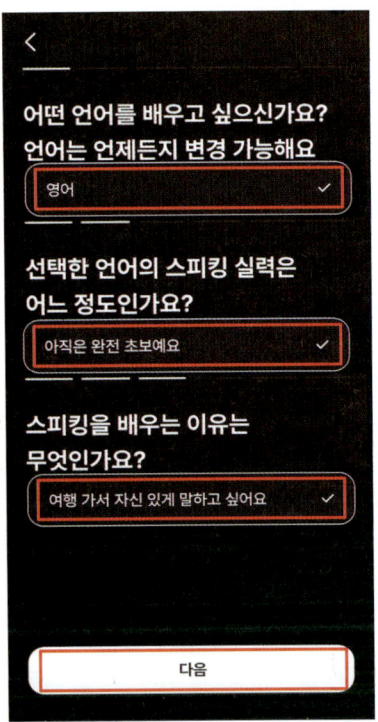 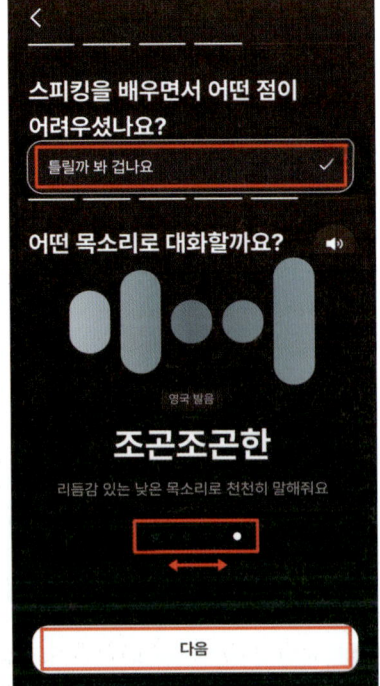 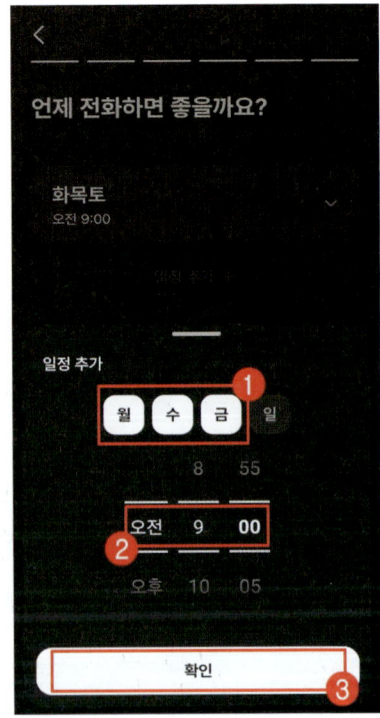

① 각 항목에서 해당 사항을 선택한 후 [다음]을 터치합니다. ② 이어서 목소리는 좌우로 넘겨가며 들어본 뒤 가장 듣기 편한 발음과 음성을 선택하고 [다음]을 터치합니다. ③ 전화를 받을 요일과 시간을 설정합니다. ① 원하는 요일을 선택한 뒤 ② 시간을 위아래로 조절하고 ③ [확인]을 터치하면 전화 학습 일정이 저장됩니다.

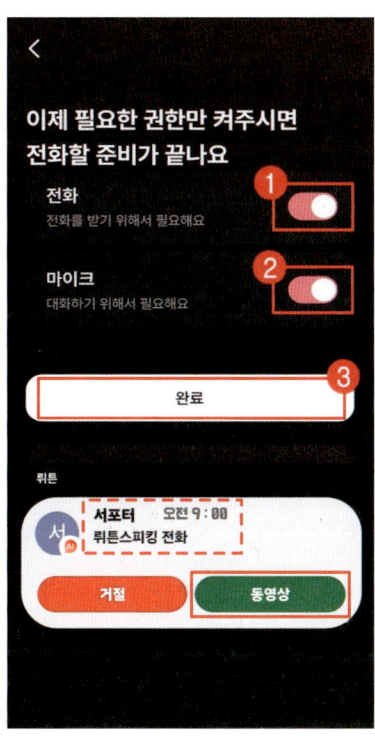
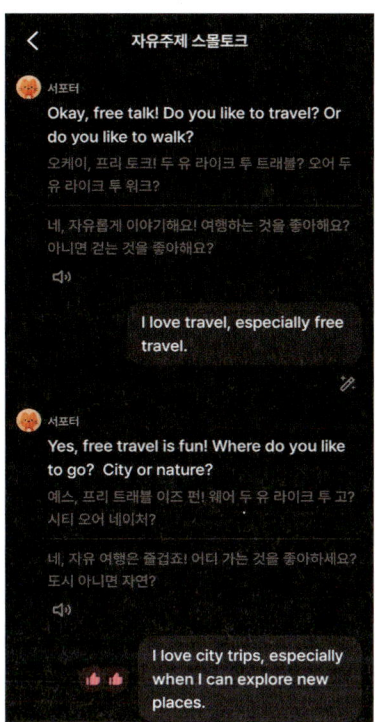
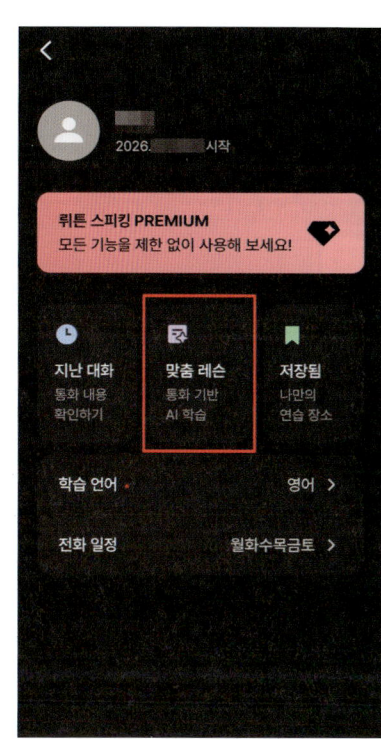

1️⃣ 뤼튼 스피킹을 이용을 위해 ① 전화와 ② 마이크 권한을 허용한 뒤 ③ [완료]를 터치하면 설정이 마무리 됩니다.

2️⃣ 이후 설정한 요일과 시간에 맞춰 뤼튼 스피킹에서 전화가 걸려오며, 전화를 받으면 화면을 보며 진행하는 [영상 기반] 학습이 시작됩니다. 학습중 올바른 답변에는 좋아요 표시가 나타나 정확도를 바로 확인할 수 있습니다.

3️⃣ 틀리거나 아쉬웠던 표현은 [맞춤 레슨]에서 자세한 풀이와 설명을 확인할 수 있습니다.

● 긴 영상 한눈에 정리하기, 유튜브 요약

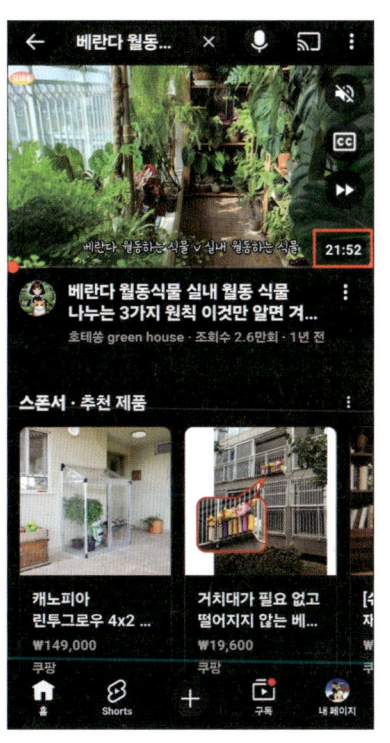
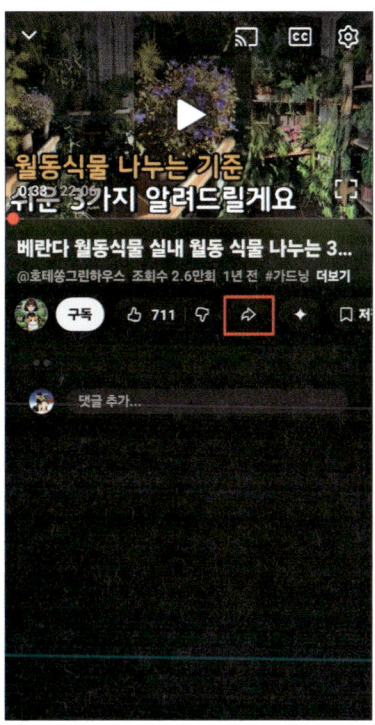
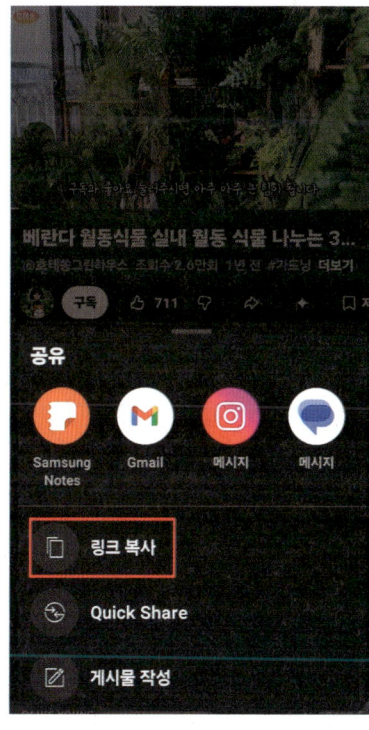

1️⃣ 요약하고 싶은 유튜브 영상을 선택합니다.

2️⃣ 영상 하단의 [공유] 버튼을 터치합니다.

3️⃣ 공유 메뉴에서 [링크 복사]를 선택합니다.

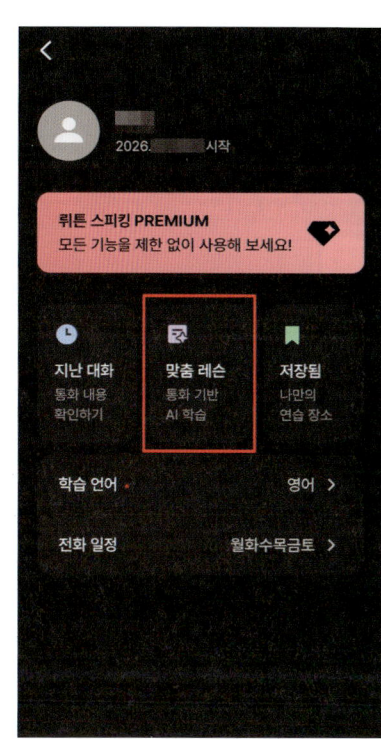

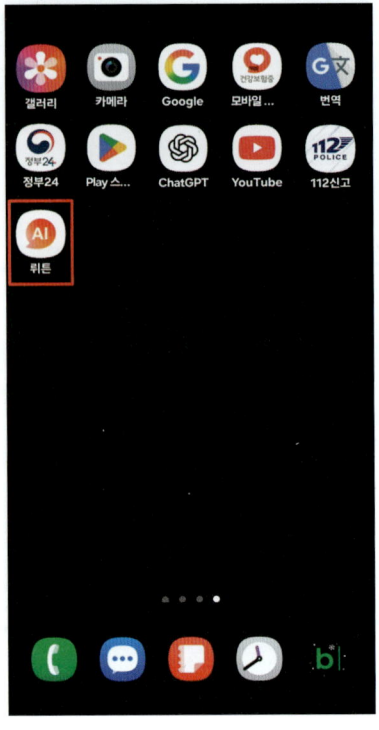
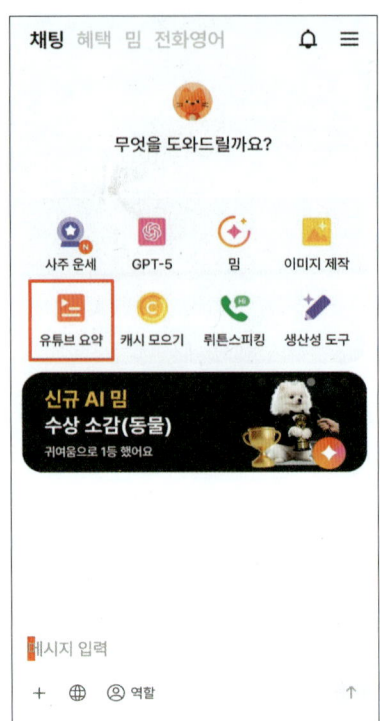
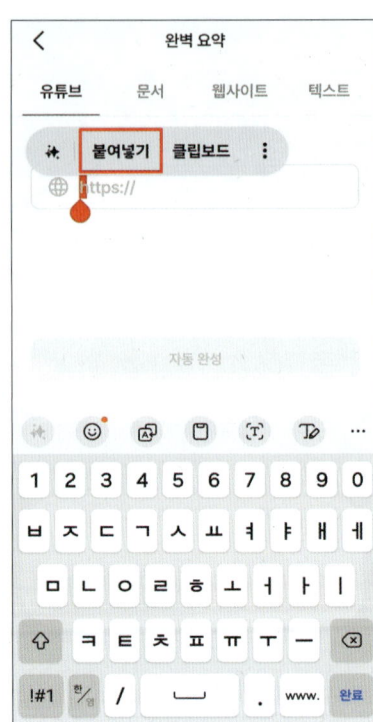

1 스마트폰 화면에서 [**뤼튼**] 앱 아이콘을 터치합니다.

2 뤼튼 홈 화면에서 [**유튜브 요약**] 메뉴를 터치합니다.

3 주소 입력창에 앞에서 복사한 [**유튜브 링크를 붙여 넣습니다.**]

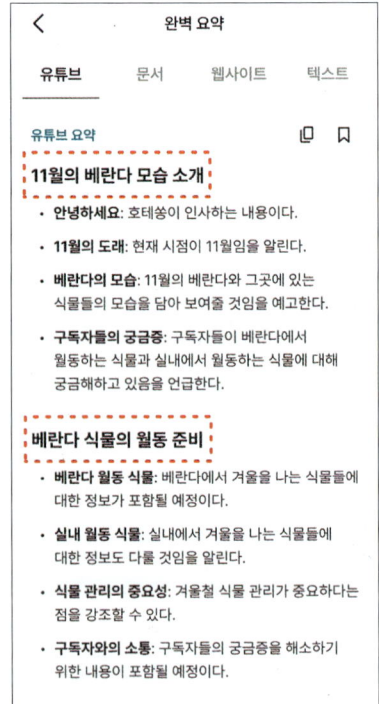

1 주소 입력창에 복사한 유튜브 링크가 정상적으로 입력되었는지 확인한 후 [**자동 요약**]을 터치합니다.

2 유튜브 영상의 핵심 내용이 요약되어 정리된 화면으로 긴 영상을 모두 보지 않아도 주요 내용을 한눈에 확인할 수 있습니다.

(16강) AI 스마트 헬스케어 앱

하단으로 소개하고 있는 각 앱은 특정 사용자층이나 필요에 따라 선택하면 최상의 효과를 얻을 수 있습니다. 필요에 맞게 여러 앱을 조합해 활용하는 것도 좋은 방법입니다. 구글 플레이스토어에서 앱(App)을 검색하시면 보다 자세한 기능에 대해서 살펴 보실 수 있습니다.

병원 및 진료 관련 앱

1 굿닥 (GoodDoc)

병원 예약, 접수, 비대면 진료 등을 간편하게 처리할 수 있는 건강관리 필수 앱입니다. 병원 방문 전에 필요한 모든 과정을 모바일로 해결할 수 있어 사용자에게 큰 편리함을 제공합니다. 특히 예약이 어려운 병원의 대안을 추천하는 기능이 돋보입니다. 예를 들어, 혼잡한 병원 대신 주변의 대체 병원을 추천받을 수 있습니다.

한 사용자는 굿닥을 통해 병원 예약 대기 시간을 50% 이상 단축했으며, 비대면 진료로 안전하고 편리한 서비스를 이용할 수 있었다는 긍정적인 피드백을 남겼습니다. 또한, 굿닥은 사용자의 위치와 선호도를 분석하여 가장 적합한 병원 목록을 추천하는 기능을 제공합니다.

추가로, 사용자 데이터는 암호화하여 안전하게 저장하고, 접근 권한을 최소화하는 등 철저한 개인정보 보호 방침을 적용하고 있습니다.

● **장점**
- 병원 예약 및 접수가 간단하고 직관적입니다.
- 비대면 진료 지원으로 바쁜 직장인이나 이동이 불편한 사용자에게 유용합니다.
- 전국 병원 정보를 한눈에 확인할 수 있습니다.
- 예약 알림 기능을 제공합니다.
- 사용자의 위치와 선호도에 맞춘 맞춤형 병원 추천 기능을 제공합니다.
- 데이터 보호를 강화하여 사용자 정보를 안전하게 관리합니다.

● **단점**
- 일부 지역 병원 정보가 부족합니다.
- 비대면 진료의 경우 서비스 이용 시간이 제한됩니다.
- 데이터 보호 정책에도 불구하고, 일부 사용자는 민감한 정보 제공에 부담을 느낄 수 있습니다.

2 하이닥 (HiDoc)

건강 상담, 뉴스, 병원 정보를 종합적으로 제공하며, 사용자가 건강 상태를 체계적으로 관리할 수 있도록 돕는 앱입니다. 하이닥은 심층적인 건강 상담과 최신 정보를 제공하여 사용자가 건강 문제를 보다 신속히 이해하고 대처할 수 있도록 지원합니다.

예를 들어, 건강 관련 질문을 입력하면 즉시 관련 전문가와 연결되거나 심층적인 정보 아카이브를 열람할 수 있습니다.

● **장점**

- 의료 전문가와 실시간 상담이 가능합니다.
- 최신 건강 뉴스와 정보를 제공합니다.
- 병원 검색 기능을 통해 필요한 병원을 신속하게 찾을 수 있습니다.
- 심층적인 건강 정보를 아카이브 형식으로 제공합니다.

● **단점**

- 상담 서비스 이용 시 대기 시간이 길어질 가능성이 있습니다.
- 병원 정보가 일부 지역에 한정될 수 있습니다.
- 무료 서비스는 제공 기능에 제한이 있을 수 있습니다.

건강 관리 및 기록 앱

3 닥터다이어리

혈당, 체중, 혈압 등의 데이터를 기록하며 건강을 종합적으로 관리할 수 있는 앱으로, 만성질환 관리에 유용합니다. 사용자가 입력한 데이터를 체계적으로 분석해 실질적인 개선 방향을 제시합니다. 닥터다이어리는 의료기관과 데이터를 실시간으로 공유할 수 있어 사용자와 의료진 간 협력을 강화하는 데도 효과적입니다.

● **장점**

- 건강 데이터를 통합적으로 관리할 수 있습니다.
- 자동 분석을 통해 맞춤형 피드백을 제공합니다.
- 데이터를 시각화하여 이해도를 높입니다.
- 의료진과 데이터를 실시간으로 공유할 수 있습니다.

● **단점**

- 초기 데이터 입력 과정이 번거로울 수 있습니다.
- 유료 서비스로 일부 기능이 제한됩니다.
- 초보 사용자는 데이터 활용법이 복잡하게 느껴질 수 있습니다.

4 삼성 헬스 (Samsung Health)

운동, 식단, 수면 등 전반적인 건강 관리를 지원하는 종합 건강 관리 앱입니다. 삼성 기기와의 연동성이 뛰어나며, 운동 기록과 심박수를 실시간으로 동기화할 수 있습니다. Fitbit이나 Apple Health와 차별화된 기능을 제공합니다. 또한 커뮤니티 기능을 통해 사용자 간 피드백과 동기 부여를 지원합니다.

예를 들어, 한 커뮤니티 사용자는 매일 1만 보 걷기 목표를 공유하고 동료 사용자들과 함께 도전한 결과, 건강지표가 20% 향상되었다는 피드백을 남겼습니다. 이러한 커뮤니티 기능은 긍정적인 경쟁을 유도하여 지속적인 건강 관리를 촉진합니다.

● **장점**
- 다양한 운동 프로그램 제공 및 자동 기록 기능을 갖추고 있습니다.
- 삼성 웨어러블 기기와 실시간으로 연동됩니다.
- 식단과 수면 패턴을 효율적으로 관리할 수 있습니다.
- 개인 목표에 따른 맞춤형 피드백을 제공합니다.
- 사용자 간의 커뮤니티 기능을 통해 동기 부여를 지원합니다.

● **단점**
- 비 삼성 기기 사용자에게는 기능이 제한될 수 있습니다.
- 앱 기능에 익숙해지는 데 시간이 필요할 수 있습니다.
- 데이터 개인화 수준이 부족하다고 느껴질 수 있습니다.

5 온톨 (Ontol)

건강검진 결과를 이해하기 쉽도록 AI가 해석해주는 앱입니다. 검사 결과지를 사진으로 찍어 업로드하면 분석된 내용을 제공합니다. 커뮤니티 및 상담 서비스도 이용할 수 있습니다.

● **장점**
- 스마트 데이터 분석을 통해 맞춤형 건강 목표를 설정할 수 있습니다.
- 실시간 피드백과 동기 부여 기능을 제공합니다.
- 건강 상태 점검을 위한 정기 알림을 제공합니다.

● **단점**
- 데이터 입력 과정이 번거로울 수 있습니다.
- 초보 사용자에게 결과 해석이 복잡하게 느껴질 수 있습니다.
- AI 분석 결과의 신뢰도에 대한 의문이 있을 수 있습니다.

다이어트 및 영양 관리 앱

6 다이어트 카메라 AI

불편한 텍스트 입력 대신 사진 촬영만으로 인공지능이 칼로리를 계산하는 앱입니다. AI가 계산한 칼로리 및 식사 패턴 분석을 통해 식습관을 개선할 수 있습니다. 매일 같은 시간에 사진을 찍으면 AI가 전날과 비교한 변화를 표시합니다. 한 사용자는 이를 활용해 3개월 동안 5kg 감량에 성공했다고 합니다. 또한 목표 달성 시 보상 시스템을 통해 사용자에게 동기를 부여합니다.

● 장점

- 체형 변화를 시각적으로 비교할 수 있습니다.
- AI 분석을 통한 맞춤형 계획을 제공합니다.
- 음식 및 건강 관련 다양한 정보를 제공합니다.

● 단점

- 촬영 방식에 따라 데이터 정확도가 달라질 수 있습니다.
- 개인 정보 보호와 관련된 우려가 있을 수 있습니다.
- AI 분석의 한계로 정확도가 부족할 수 있습니다.

액티브 시니어들을 위한 AI 리터러시

7 필라이즈 (Pillize)

다이어트, 영양제, 식단, 혈당 관리에 특화된 통합 건강 관리 앱입니다. 필라이즈는 사용자에게 데이터 기반의 영양제 추천과 함께 영양 상태에 대한 심층 리포트를 제공합니다.

● 장점

- 다이어트 및 영양제 관리에 필요한 기능을 제공합니다.
- 맞춤형 식단 및 영양제를 추천합니다.
- 영양 상태 분석 및 심층 리포트를 제공합니다.

● 단점

- 데이터 입력 과정이 번거로울 수 있습니다.
- 일부 기능은 유료 서비스가 필요합니다.
- 특정 제품 중심의 추천이 제한적일 수 있습니다.

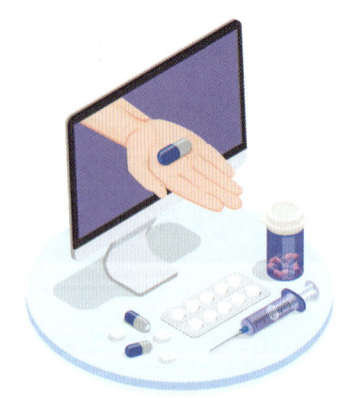

8 드시모네몰

유산균 및 영양제 관리를 돕는 AI 기반 앱으로, 복용 시간 알림 및 맞춤형 건강 정보를 제공합니다. 드시모네몰은 또한 사용자 리뷰 데이터를 기반으로 제품 선택을 돕는 기능을 추가로 제공합니다. 이 앱은 특히 경쟁 앱과 달리 사용자 리뷰와 건강 데이터의 상관관계를 분석해 개인 맞춤형 제품 추천의 정확도를 높이는 것이 특징입니다.

예를 들어, 특정 유산균 제품의 효과를 사용자 건강 데이터를 통해 검증하고, 이 결과를 바탕으로 최적의 영양제를 추천합니다.

● 장점
- 영양제 복용 관리와 맞춤형 제품 추천 기능을 제공합니다.
- 건강 상태를 분석해 최적의 제품 조합을 제공합니다.
- 사용자 리뷰를 바탕으로 제품 선택을 지원합니다.
- 리뷰와 건강 데이터를 결합해 추천 기능을 제공합니다.

● 단점
- 특정 브랜드 중심으로 제한될 수 있습니다.
- 다양한 건강 관리 앱과의 통합성이 낮습니다.
- 복용 데이터의 실시간 동기화 기능이 부족할 수 있습니다.

 **AI 건강 상담 및 루틴 관리 앱**

 ### 9 어떠케어 (OttoCare)

간단한 증상 입력만으로 건강 상태를 점검하고 질병 가능성을 예측할 수 있는 AI 기반 앱입니다. 초기 건강 관리에 유용하지만, 드문 질병이나 복잡한 증상에 대한 분석에는 한계가 있습니다. 또한, 어떠케어는 사용자에게 다양한 대체 건강 관리 방안을 제시하여 선택의 폭을 넓혀줍니다.

● **장점**
- 전국 9천 개 건강검진 센터에서 진행하는 종합건강검진 및 국가건강검진(일반건강검진, 국민건강검진)에 대한 정보를 확인할 수 있습니다.
- 복잡한 건강검진 예약을 모바일에서 간편하게 진행할 수 있습니다.
- 음식 사진을 찍으면 칼로리와 탄단지 비율을 분석해 하루 동안의 영양 상태를 확인할 수 있습니다.

● **단점**
- 심층적인 정보 제공에 한계가 있습니다.
- 추가 데이터 입력이나 업데이트가 필요할 수 있습니다.
- 특정 질병에 대한 정보가 제한적일 수 있습니다.

 ### 10 헬피 (Helpy)

개인 맞춤형 건강 루틴 설정과 실천을 돕는 앱으로, 사용자의 생활 습관 개선에 초점을 맞추고 있습니다. 헬피는 사용자의 루틴 준수도를 평가하여 개선점을 제안하는 기능을 제공합니다.

● **장점**
- 간단한 목표 설정과 알림 기능을 제공합니다.
- 생활 습관 개선을 위한 맞춤형 추천을 제공합니다.
- 루틴 준수도를 평가하고 개선점을 제안합니다.

● **단점**
- 효과를 확인하기까지 시간이 걸릴 수 있습니다.
- 지속적인 알림이 사용자에게 부담이 될 수 있습니다

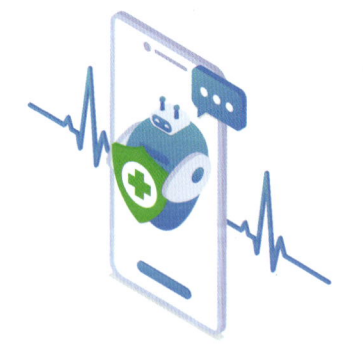

11 헬시어 (Healthier)

초기 증상 분석과 건강 상담을 제공하며, 사용자 맞춤형 관리 방안을 제안하는 AI 기반 건강 앱입니다. 데이터 기반 건강 예측을 통해 잠재적인 건강 위험 요소를 조기에 발견할 수 있도록 돕습니다. 예를 들어, 한 사용자는 헬시어를 통해 심혈관 질환의 위험도를 분석받고, 이를 토대로 생활 습관을 개선하며 추가 검사를 권장받아 건강 문제를 조기에 해결할 수 있었다는 사례를 남겼습니다.

● **장점**
- 초기 증상 파악과 맞춤형 상담을 제공합니다.
- 사용자의 건강 목표에 맞는 관리 계획을 추천합니다.
- 건강 위험 요소를 조기에 발견할 수 있습니다.

● **단점**
- 의료 전문가의 심층 상담을 완전히 대체하기 어렵습니다.
- 사용자 입력 데이터에 따라 분석 정확도가 달라질 수 있습니다.
- 일부 사용자에게 예측 기능의 신뢰도가 명확하지 않을 수 있습니다.

공공 서비스 및 지역 특화 앱

12 손목닥터 9988

서울 시민을 대상으로 건강 정보를 수집하고 분석하여 예방적 건강 관리에 기여하는 앱입니다. 2025년까지 경기도와 인천 지역으로 서비스를 확장하는 계획이 검토 중이며, 이를 통해 더 많은 사용자가 혜택을 누릴 수 있을 것으로 기대됩니다. 또한, 지역 커뮤니티와 협력하여 맞춤형 건강 정보를 제공하고, 공공 보건소와 연계한 건강 캠페인을 진행할 예정입니다.

● **장점**
- 서울 시민을 위한 맞춤형 건강 정보를 제공합니다.
- 무료 서비스로 접근이 용이합니다.
- 지역 커뮤니티와 협력하여 맞춤형 정보를 제공합니다.

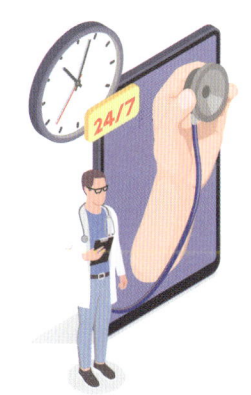

● **단점**
- 서울 시민만 이용 가능하여 지역적 제한이 있습니다.
- 기능 제한으로 인해 심층적인 건강 관리가 어렵습니다.
- 데이터의 정확도와 분석 범위가 제한적일 수 있습니다.

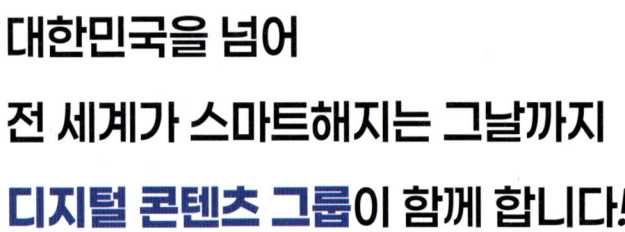

대한민국을 넘어
전 세계가 스마트해지는 그날까지
디지털 콘텐츠 그룹이 함께 합니다!